Liebes Tagebuch

Bekannt als Dear Diary auf Wattpad

Laura Karpowski

Bibliografische Information der Deutschen
Nationalbibliothek:
Die Deutsche Nationalbibliothek verzeichnet diese
Publikation in der Deutschen Nationalbiografie;
detaillierte bibliografische Daten sind im Internet über
http://dnb.dnb.de abrufbar.

© 2021 Laura Karpowski
Herstellung und Verlag
BoD – Books on Demand, Norderstedt

ISBN: 9783751985475

Ich richte dieses Buch aber auch an die Lehrkräfte und pädagogisch engagierten Menschen da draußen.
Ihr könnt darauf Einfluss nehmen, dass es künftigen SchülerInnen in ihrem Schulalltag nicht so ergeht, wie mir.
Ich möchte mit diesen Exzerpten meiner Gedanken zeigen, was mit der Psyche alles passieren kann, wenn achtlose Worte zu einem gesagt werden – es müssen nicht einmal Worte sein, Blicke oder andere Gesten reichen auch schon aus, jemandem ein Gefühl zu vermitteln das triviale Folgen haben kann, wenn nicht eingeschritten wird.

Ich bedanke mich von ganzem Herzen, bei meinen Eltern und meinem Partner,
die mich auf diesem Weg begleitet und unterstützt haben, sodass ich letztendlich den Mut ergriffen habe und nun dieses Buch in meinen Händen halten kann.

Lebenssinn.

Was ist der Sinn des Lebens?
Wofür leben wir?
Was bringt das alles?
So oft gerät man in tiefe Löcher der Gefühle.
Oft weiß man nicht weiter.
Oft stellt man sich die Frage: warum immer ich?
Unsere Eltern haben uns entweder absichtlich auf die
Welt gesetzt oder eben unabsichtlich.
Im Normalfall haben Sie uns aber so oder so lieb.
Manche haben kein gutes Verhältnis zu ihren Eltern
aber manche schon. Manche haben viel Glück in
jeglichen Lebenssituationen, manche eben nicht. Also
warum leben wir?
Warum lebe ich?
Egal was ich tue oder mache, irgendwie bin ich nie
zufrieden mit dem was ich schaffe.
Es ist alles so sinnlos.
Ich kann mir so viel Mühe geben oder aber auch keine
Mühe geben und es käme nichts raus.
Nichts.
Ich bin mir nicht sicher ob ich auf die Welt gekommen
bin, um das Leben in Frage zu stellen oder ob ich in
irgendeiner Weise die Welt verändern soll/kann.
Ich bin mir nur sicher, dass viele diese Gefühlstiefen
leugnen.
Behaupten ihr Leben wäre perfekt.
So tun als ob.
Das ist nicht der Sinn des Lebens.
Der Sinn des Lebens ist ...für jeden anders definierbar.
Für mich ist der Sinn des Lebens, eine Person zu

finden, mit der ich alt werden kann, mit der ich Kinder bekommen kann, der ich vertrauen kann.

Eine Person, die ich ohne Bedenken lieben kann und zurück geliebt werde.

Mein Sinn des Lebens ist andere mit dem was ich sage zu helfen und versuchen glücklich zu machen.

Ich will nicht vergessen werden.

Leben ist anstrengend.
Leben ist voller Gefühle.
Leben hat Spannung.
Leben hat Höhen.
Leben hat Tiefen.

——

Das Leben, das wir Menschen leben wird von jedem einzelnen anders wahrgenommen.

Anders gut. Anders schlecht.

„Everyone deserves a life full of happiness & positivity!", aber was ist, wenn das nicht für jeden so funktioniert?

Jeder verdient es, jeder wünscht es sich aber nicht jeder schafft es ein erfülltes und zufriedenes, friedliches Leben zu führen.

Niemandes Leben ist leicht, aber lebenswürdig ist das von vielen.

Was ist, wenn einer nicht mehr Leben *kann?* Aber es *möchte?*

Was tut man, wenn das Schicksal eines Menschen praktisch nichts Gutes für einen übrig hat? Was tut man, wenn man mit sich selbst nicht mehr auskommt? Was tut man, wenn wir keinen Halt sehen obwohl es so viele schöne Menschen und Dinge da draußen gibt, für die wir dankbar sind und sein sollten?

Was tut man also, wenn sich das Leben gegen einen richtet, wenn es keinen Spaß mehr macht? Was, wenn die positiven Aspekte nicht reichen, wenn das Negative überwiegt?

Wenn man sich so verändert, dass man nicht mehr weiß was Glücklich-sein ist?

Wenn man sich alleine fühlt in einem Raum voller Menschen? Wenn du anderen nicht so viel bedeutest, wie sie dir?

Was tust du dann?

Was tust du, wenn das Leben dich nicht akzeptiert, du zu *schwach* bist, um zu kämpfen?

Wie erreichst du trotzdem dein Level-up?

Wie lebst du „*einfach*" weiter?

Oder funktionierst du dann nur noch?

Und wenn du zurzeit nur funktionierst, was fehlt damit du wieder *lebst?*

Leben, wie es scheint.

Irgendwie leben wir alle aber wer bestimmt eigentlich was uns das Leben so bringt?
Karma?
Und wer oder was ist Karma?
Gibt es überhaupt ein Schicksal?
Ist es wirklich so, dass alles was ich tue und sage eine Wirkung hat, auf das was noch kommt?
Oder bilden wir uns das nur ein, um der möglichen Enttäuschung von sich zu entkommen?
Gott? Und wer oder was ist Gott?
Uns werden Sachen vorgemacht und vorgelebt und keiner macht sich Gedanken ob er das wirklich will.
Man passt sich einfach so an.
Aber warum passt man sich an?
Warum ist das so vorgesehen, dass man ein 'guter' Mensch ist, wenn man sich anpasst und ein 'schlechter', wenn man sich nicht anpasst?
Die Sache mit dem Glauben ist schwierig und total komplex.
Aber glauben wir Menschen wirklich, weil wir denken es gibt etwas?
Oder ist das alles nur Hirnwäsche, weil niemand sich das Leben erklären kann?

Liebesbrief

Wir zwei sind wie Magneten.
Gehst du weg, will ich wie auch immer in deiner Nähe
sein.
Es brennt und zieht innerlich, weil du fehlst.
Sobald du außerhalb meiner Reichweite bist, fühle ich
mich schlecht.
Ich fühle mich schlecht, weil du das einzige bist, das mir
die nötige Kraft gibt, immer weiter zu machen und
nicht direkt aufzugeben.
Wenn du nicht bei mir bist, fühle ich mich schwach und
zerbrechlich.
Deswegen will ich, dass du mich niemals verlässt, weil
ich es ohne dich nicht ertragen würde.
Du kennst mich inzwischen besser als jeder andere
Mensch und ich will, dass du der letzte bleibst, der mich
so gut kennt.
Und ich will dich ebenfalls am besten kennen.
Ich will nie auf das Gefühl verzichten müssen, das du
mir gibst, wenn ich dich sehe und berühre.

Ich habe noch nie Drogen genommen, aber ich bin mir
sicher, du bist besser als jede einzige von Ihnen und
selbst Alkohol macht mich nicht so zufrieden wie du.
Ich kann alle meine Sorgen vergessen, wenn du da bist
und weißt du wie verdammt viel das ist?

Du rettest meinen Arsch jeden Tag aufs Neue.
Du bedeutest mir so wahnsinnig viel, dass es eigentlich
nicht genug Worte dafür gibt.

Ich will wissen, wann es dir schlecht geht, ohne, dass du es mir sagen musst.

Ich will immer wissen was dann zu tun ist, damit du wieder glücklich bist und ich will der Grund sein, weshalb du morgens aufstehst und glücklich bist.

Ich will daran arbeiten können, egal wie schlecht ich darin bin dich aufzuheitern.
Ich kann ohne dich nichts mit mir anfangen.

Meine Zukunft sehe ich nur mit dir an meiner Seite, denn alles andere wäre die Hölle.
Und ich will, dass du das niemals vergisst und niemals sagst, dass es mir ohne dich besser gehen würde, denn das ist einfach nicht die Wahrheit, weil ich bis jetzt nicht wusste was bedingungslose Liebe ist.
Du bist meine Familie und wenn wir Scheiße bauen dann finden wir zueinander, weil wir uns glücklich machen müssen und uns am Leben halten müssen.
Ohne dich würde ich garantiert auseinanderbrechen und mich für alle Zeit betäubt fühlen müssen und das will ich nicht.
Kein Muskelkater und kein Beinbruch und was weiß ich was noch schmerzhaft ist, wäre so schmerzhaft wie dein Verlust.
Ich liebe dich mehr als mich selbst.
Du bist meine Familie, mein Himmel auf Erden und ein Leben ohne dich will und kann ich mir verdammt nochmal nicht vorstellen.
Ich will immer deins sein.

Hinterfragen ist nicht erwünscht

„Trübsal blasen bringt nichts", sagen sie.
„Aber was bringt denn überhaupt was?", frage ich,
„Was, wenn ich einfach nicht so stark bin, wie ich
sollte?"

Wie übersetzt man *Social anxiety*? Soziale Angst? Warum
klingt es auf deutsch so harmlos? Vermutlich liegt es
daran, dass wir Menschen das Wort Angst so häufig
sagen.
Ich kann es erst seit ein paar Wochen benennen was all
die Jahre in mir geschehen ist. Irgendwie hatte ich es
wohl überbrückt, hatte Spaß mit Freunden, trank eine
Menge Alkohol, um mich zu betäuben und irgendwie
war alles ganz cool so.
Dann bin ich sitzen geblieben und das hat alles
verändert.

Ich begann über mich nachzudenken, sehr viel. Warum?
Wieso hat es nicht gereicht? War das beabsichtigt?
Und eine Weile später habe ich mich verliebt. So
wahnsinnig verliebt. Und das ist meine Rettung
gewesen.
Vermutlich hätte ich das nicht überlebt.
Es ist so viel passiert das mein Inneres immer noch am
Verarbeiten ist. Wahrscheinlich wird der Vorgang für
immer dauern, denn akzeptieren kann ich nicht, dass ich
nochmal in der 10. klasse sitzen muss. Ich habe seitdem
solche Selbstzweifel und die Erwartungen sind auch

zuhause eher gewachsen als geschrumpft.
Ich hasse das.

Ich hasse nichts mehr als jeden Tag nachhause zu
kommen und zu hören, dass ich ja angeblich nichts
Schweres tue (heißt lernen und Haushalt) und ich keine
Beschwerden haben sollte. Ich kann das nicht, ich kann
niemandem erklären, wie ich mich fühle ohne, dass es
dann heißt „überwinde deine Angst" oder „du jammerst
so viel, obwohl du es nicht nötig hast".

Ich habe ehrlich gesagt keine Kraft dagegen
anzukämpfen Tag für Tag.
Rechtfertige dich mal für dein Wesen. Rechtfertige dich,
für die vielen fehlstunden in Musik, weil du die Blicke
spürst. Du kennst die Menschen nicht und dein Puls
rast, dass man glatt denken könnte das Herz würde mit
einem Schwung rausspringen und nie wieder
zurückkehren, weil es nicht mehr will.
Mir ist es so unangenehm unter fremden Menschen zu
sein, besonders wenn ich es alleine muss, ich bekomme
diese ätzenden roten Flecken und möchte am liebsten
weinen.

Dann fragen mich Mitschüler „Was ist los? Warum bist
du so rot?" oder „Hast du eine Allergie?".
Was soll man denn dazu schon sagen?
Etwa, dass ich allergisch gegen fremde Menschen bin?
Dass ich Angst davor habe, dass Menschen mich
komisch finden?
Dass mich keiner versteht? Dass ich an einem Ort bin,
an dem kaum einer so fühlen und denken kann wie ich?
Dass ich mich krank fühle?

Dass ich mich hilflos fühle? Dass ich lieber sterben würde als unter den ganzen „Fake" Menschen zu sein? Dass der einzige Mensch, der mir meine Lebensenergie gibt, mein Freund ist?
Dass ich so unfassbar sensibel bin und mir absolut alles irgendwie zu Herzen nehme?
Was sagt man den Menschen, die nicht in meiner Haut stecken?
Oder kann ich dem für immer aus dem weggehen?

Kann ich so eine Zukunft führen?
Ich fühle mich wie eine vom Aussterben bedrohte Rasse, hasse mich fast selbst dafür, dass ich nicht so *leichtsinnig* und *gedankenlos* sein kann, weil es das Leben so viel leichter machen würde.
Kaum einer fühlt und denkt so wie ich, weil fast niemand in die Tiefe geht und nachdenkt über all das.

Über all die *Existenz*.

Über den *Sinn* dahinter.

Und wenn es schon so wenige sind, zu denen ich mich hingezogen fühle, wo gehöre ich hin, wenn ich zuhause keine vollkommene Ruhe finde?

Wo gehöre ich hin, wenn ich mich wie ein Tier im Zoo fühle? In der Lage vieles zu tun aber die Möglichkeiten sind nicht gegeben.

Ich fühle mich psychisch eingeschränkt, so als ob ich nicht fähig wäre das Leben so zu leben, wie es für den

Menschen bestimmt ist.

Ich kann von Glück reden, dass ich weiß was liebe ist,
vielleicht weiß ich es mehr als die, die nicht in
die *Tiefe* fühlen und denken können.
Vielleicht ist liebe das einzige, das mich am Leben hält.

Vielleicht werde ich für immer abhängig von ihm sein.
Vielleicht wird er der einzige sein, von dem ich jede
Unterstützung erwarten kann.
Und wenn ich ihn dann doch verlieren sollte, so verliere
ich auch mich selbst.
Ich glaube, wenn das irgendwann der Fall ist, dann will
ich nicht mehr leben.
Ich will nicht leben, ohne zu *lieben* und *geliebt* zu *werden*.
Ich will nicht leben *müssen*.
Ich bin von Emotionen gesteuert und das hasse ich.
Ich habe Angst.
Angst vor meinen Gefühlen und meiner
Schmerzgrenze.
Angst ihn zu verlieren.
Angst davor alleine mit dieser Angst zu sein.
Angst vor *Menschen* von denen ich selbst einer bin.

Morgens

Morgens im Bett wache ich auf und es gab selten einen morgen an dem ich motiviert war mein Leben zu leben.

Die Ausnahme: morgens sehe ich als erstes meinen Freund. Aber heute war dem nicht so.
Sobald ich daran denke, dass ich zur Schule muss will ich weinen und aufgeben.
Aber ich wünsche mir mehr für die Zukunft.

Wenn das Leben doch schon so mies zu einem ist, sollte man dann nicht mehr erwarten als den üppigen Durchschnitt?

Damit sich all das Leiden lohnt?

Der Teil, in dem ich im Bus bin und Musik höre, vielleicht alleine auf einem Platz sitze und aus dem Fenster gucken kann.

Der ist ganz angenehm.
Der Rest vom Tag verläuft furchtbar.

Ist das vielleicht meine persönliche Hölle?

Kann ich keinen Schritt ohne meinen Freund gehen, ohne, dass es sich anfühlt als würde ich in einer Zwangsjacke stecken?

Schwach sein.

Nennt man etwas *schwach*,
dann wird es sofort *negativ* verstanden.
Ist ja auch gerechtfertigt

oder?

Schwäche zu zeigen, als menschliches Wesen hat meines
Erachtens noch nie etwas positives bewirkt.

Ich wollte nie eine schwache Person sein, so wurde ich
auch nicht großgezogen.
Selbst mit Fieber und laufender Nase und sonstigen
Umständen musste ich zur Schule gehen und die beste
Version meiner selbst sein.
Und es hat niemanden gekümmert.

Doch ich bin mit jeder schlechten Erfahrung, die dazu
kam, schwach geworden.
Neige dazu schnell alles aufzugeben.
Mich aufzugeben.

Vielleicht sieht man es mir nicht an, aber ich bin es.
Ich zeige *Schwäche*.

Stopp mal.
Vielleicht klingt es paradox, aber ist *Schwäche* nicht

zugleich auch Stärke?

Die Stärke sich selber zu kritisieren haben einige.

Aber sich selbst zu erlauben auch mal schwach zu sein,

Das machen nur ein paar.

Demnach bin ich also auch auf eine Weise stark, wenn

ich von mir selbst sage, ich sei schwach.

Und du auch.

Allein diese Erkenntnis, die Reflektion über die eigene

Person.

Sollte das nicht irgendwie *Stärke* sein?

Ein Versprechen

Ich *verspreche* dir,
Dir gegenüber immer loyal zu sein.

Ich werde mich immer um dich sorgen, wenn du das
Haus verlässt.
Ich werde dafür sorgen, dass du dich in dunklen Zeiten
nicht selbst vergisst.

Jeden Tag, zu jeder Zeit werde ich dir zeigen, was du
mir wert bist.
Immer wieder werde ich dich daran erinnern, auf dich
zu achten.

Ich *verspreche* dir, dass du die Person bist, die mich
glücklich machen kann.
Ich *verspreche* dir, dir zu vertrauen und immer ehrlich zu
dir zu sein.
Ich *verspreche*, dich zu lieben auch in Zeiten der Stille.
Ich werde für dich da sein, egal wann.

Ich *verspreche*, dass mir nichts egal ist, was dich berührt.

Ich *möchte* jeden Tag versuchen, dir das Leben zu
verschönern.
Ich *möchte*, dass du in jeder Situation auf mich zählen
kannst.
Ich *möchte*, dass du offen mit mir sprichst, wenn dich
etwas bedrückt.
Ich *möchte* dich und alles dazu Gehörige.

An einem gewissen Punkt

In meinem Leben habe ich mich gefragt, ob es der physische Schmerz ist oder der psychische, der uns am meisten quält.

Ich bin zu dem Entschluss gekommen, dass es der psychische sein müsse, denn gegen den kann man nicht wirklich ankämpfen.

Insbesondere erlebe ich es selbst.
Der psychische Schmerz ist mein täglicher Begleiter.

Er ist sogar so ausgeprägt, dass es sogar physische Schmerzen zusätzlich auslösen kann.

Auf Abstand

Wenn ich irgendwie spüre, dass ich dir nicht guttue,
dass ich schlechte Laune verbreite, dann werde ich mich
distanzieren.

Selbst wenn es für mich ein großer Verlust ist,
vermutlich mein Abgrund, mein Untergang, ich möchte
keinem Menschen bewusst zur Last fallen.

Anderen zur Last zu fallen gehört an sich irgendwie
immer dazu, jedoch sollte man es nicht zu spüren
bekommen.

Es ist verletzend. Sehr.

Ich wäre froh, wenn mir sich jemand gänzlich
anvertraut und mir so „zur Last" fällt.

Ich nehme jede Last in Kauf, wenn mir ein Mensch
wichtig wird.

So fühle ich mich wichtig.

Es verleiht meiner Existenz einen Wert.

So bin ich weniger einsam.

„Lass den Kopf nicht hängen."

Ein Satz, der mir von vielen oft gesagt wird.
Doch Leute, der Satz hilft leider so gar nicht.

Leider ist die menschliche Psyche nicht so, dass ich mir
einfach sagen kann „Ey komm, hör auf zu leiden" und
dann ist es wieder okay.

Solche Sprüche sind gut gemeint, helfen aber nicht.

Über die belastenden Dinge ernsthaft und gründlich zu
reden, das könnte eher helfen.
Voraussetzung: Es gibt eine Lösung für das Anliegen.

Man muss zunächst feststellen,
ob man wegen etwas Bestimmten leidet, zum Beispiel
einer Erfahrung oder
ob man von Natur aus negativ geprägt wurde und
melancholisch ist und daher der ewige Schmerz und das
Leid zu einem Charakterzug wird.

Ist es eine melancholische Ader, die durch dein Blut
fließt, dann ist es Fluch oder Segen. Aber für den
Zustand gibt es nur eine Alternative Überbrückung des
Schmerzes aber keine Lösung von Dauer.

Ist es die melancholische Ader, das dauerhafte Traurig-
sein, dann hilft nur sich an den Schmerz zu gewöhnen.
Tag für Tag, Jahr für Jahr.

Ein Leben lang.

Es ist die Kunst, sich weniger auf das innere Fühlen zu konzentrieren, die eine melancholische Ader betäuben oder hemmen kann.

Ein Wunsch, ein Ziel sei es Objekt oder Person.

Liegt der Fokus auf etwas Anderem, als das eigene Wohlbefinden der Seele, so kann das den Schmerz dämpfen.
Man darf sich dabei allerdings niemals gänzlich außer Acht lassen.

Die eigene Psyche/Seele zu untergraben kann eine noch größere Gefahr sein.

Meine Augen fühlen sich trocken an vom Weinen.

Etliche Tränen habe ich vergossen.
Ich weiß nicht, wie ich mein Leben in den Griff kriegen soll, wie ich meinem Leben Stabilität verleihen soll.

Ich habe keine Kraft mehr.
Ich weine viel öfter als sonst, es gab eine Zeit da weinte ich höchstens bei Filmen, sonst war ich mehr kalt.

Ich breche in Stücke.
Alles droht zu zerreißen und ich versuche mit aller Kraft alle Teile zusammenzuhalten...

Ich weiß nicht, wie lange ich das noch kann. Diesen Schmerz spüren.

„Deine Generation ist überhaupt nicht belastbar." sagte meine Mutter, als ich ihr versuchte zu erläutern, wie ich mich momentan fühle.

Ich bin in einem Loch der Verzweiflung, ich zweifle an mir selbst wie noch nie.
Es scheint, als würde alles falsch sein.

Ich will diesen Knopf, einfach alle Gefühle ausschalten.
Einfach nur existieren wie ein Roboter, so wie es viele tun.

Es wäre leichter so und dennoch ist es mir nicht möglich.
Mir geht alles so nah.
Ich ertrage keine Kritik, ich ertrage inzwischen überhaupt keine Niederlage mehr.

Ich ertrage es nicht andauernd zu scheitern, trotz der Tatsache, dass ich immer alles gebe und leide, wie ein Hund und im wahrsten Sinne des Wortes brenne und tausende Tränen vergieße, für ein friedliches Leben...

Alles nicht genug.
Es wird nicht von selbst besser.
Der Zustand reguliert sich nicht wieder, wie schlechtes Wetter.

Ich weiß nicht weiter.

Kennst du das Gefühl, wenn du von allen verstoßen
wirst?
Wenn du beäugt wirst, wie die Maus, die deine Katze
neulich erlegt hat?

Kennst du das, wenn du alles tun kannst und ganz
genau weißt, es ist sowieso das falsche?
Wenn du das Gefühl hast nicht zu wissen, wie sich
glücklich sein anfühlt, nur für einen Augenblick?

Ich fasse es nicht, selbst meine Eltern wollen mich nicht
verstehen.
Sie möchten, dass ich meinen Fokus allein auf die
Schule und Leistung lege.

Sie wollen nicht, dass ich ein von Emotionen erfülltes
Wesen bin.
Aber sie können nur das haben.
Ich bin die missratene Tochter.

Die Tochter, die Liebe als erste Priorität setzt.

Die Tochter, die vielleicht die Liebe ihres Lebens
gefunden hat.
Vielleicht bin ich verblendet von meiner Liebe zu ihm,
dennoch finde ich es richtig, dass unsere Beziehung das
wichtigste in meiner Welt sein sollte.

Und das ist sie.

Denn nichts anderes gibt mir auch nur ein Fünkchen Hoffnung und macht mein Leben etwas mehr lebenswert.

Nichts.

Sie spielen ein falsches Spiel.
Sie können supernett sein, doch aktuell sind sie die Hölle auf Erden.

Sie wollen mir das einzig Gute auf dieser Welt nehmen.
Ich darf meinen Freund nie wiedersehen, doch irgendwann kommt der Tag und dann werden sie mich nicht wiedersehen.

Niemand auf dieser Welt darf sich erlauben, sich der wahren Liebe in den Weg zu stellen.
Niemand darf mir meinen Freund nehmen, mein Licht in der Dunkelheit, meinen Lebenssinn.
-

Ich bin hier nicht mehr zuhause.
Hier bin ich nicht mehr willkommen.
Hier fühle ich mich nicht mehr sicher.
Hier gehöre ich nicht mehr hin.
Ich will nur noch bei dir sein, für immer.

Mai

Irgendwas sagte mir schon, dass dieser Monat ein
schrecklicher werden würde. Alles ist schön, das Wetter
und sogar die meisten Umstände aber nicht das, worauf
es mir wirklich ankommt.
Mein Selbstempfinden und wie ich alles wahrnehme
und wie all das was passiert mich beeinflussen
kann. Und ich sehne mich so sehr nach Anerkennung.
Es zerstört mein Leben, meine ganze Struktur.

Ich hasse es. Ich hasse alles.

Ich will fast sterben, weil ich alles auf mich beziehe, weil
ich immer die bin die alles falsch macht, weil ich die
Tochter bin, die niemand haben will.
Weil der Schmerz wie ein dauernder Zahnschmerz ist,
der sich über den ganzen Körper bis in die Seele zieht.

Und weil mir das alles nicht einfach egal sein kann.

Wenn ich das Recht habe zu leben, dann sollte ich auch
das Recht haben zu sterben.
Doch dieses Recht nahm ich mir selber, als ich mich in
eine Beziehung begab.
Jetzt kann ich nicht einfach aufgeben und friedlich sein,
ihn im Stich lassen.
Der einzige Mensch, bei dem ich abschalten kann und
den Druck, die Depression hinter mir lassen kann.

Wie ein Knopf.

Für mich ist das Leben nur schön, wenn die Sonne scheint oder wenn ich die Augen schließe und all das hässliche nicht sehen muss.
Oder wenn mein Freund mir gegenübersteht.

Für ihn muss ich leiden so penetrant das Leben auch zu mir ist, ich muss weiterkämpfen.
Ein bisschen tue ich es auch für mich, in der Hoffnung, dass bald eine Erleuchtung kommt.
Dass alles leichter wird und nicht mehr so auf mir lastet, wie ein Felsen.
Dass ich mich irgendwann selbst akzeptiere und nicht direkt alles negative meine Stabilität einreißen kann. Das wünsche ich mir.

Denn so wie es jetzt ist, kann ich nicht behaupten, dass ich freiwillig leben möchte.
Oder gar, dass es Spaß macht, dass das Leben schön und fair ist.
Denn so ist es leider nicht und vielleicht wird es das auch nie sein.

Ich beschreibe es als die Hölle, die perfekt auf mich und meine Ängste zugeschnitten ist.
Hauptsache alles ist schlecht und schädigt meine Psyche, die ohnehin schon labil ist und kurz vor dem Aus steht.

Wie?

Ich wurde heute in die Schule gezerrt.

Ich habe heute nur 3 Stunden Unterricht, den Rest des Tages „Abigag", den ich mir nicht geben will und später einen Arzttermin.

Sie haben mich dennoch hierhin gebracht.

Was soll das? Was sollte diese Standpauke die meine Mutter mir kurz bevor gehalten hat?

Die Tatsache, dass sie nichts mehr davon hören will, von meinem psychischen Leiden...
Warum ich nicht normal sein könne...
Wieso ich keine Freunde treffe oder habe,
dass ich naiv sei, dass mein Freund ein Schwein sei und, und, und ...

Nun sitze ich hier auf der Schultoilette und kann nichts anderes als weinen.
Weinen, weil meine Mutter mich hasst.
Weinen, weil ich sie hasse.
Weinen, weil ich mein Leben hasse.

Ich kann nicht mehr aufhören zu weinen, also gehe ich nicht in den Unterricht.
Ich verschanze mich in den Oberstufenraum und hoffe, dass mich keiner weinen sieht.
Hoffentlich hört es gleich auf.

Hoffentlich kann ich aufhören zu weinen.
Es ist so schrecklich.

Ich werde jetzt mit dem Bus hin und her fahren, bis
mein Vater mich wieder abholt.
Ständige Kontrolle.
Und jetzt sind meine Kopfhörer auch noch leer, super.

Gerade bin ich einfach nur froh über jede Minute, die
vergeht, in der ich es schaffe mich vom Weinen
abzuhalten.

Eine Menge Menschen schaffen es, dass ich nicht mehr
leben will.
Und nur einer von ihnen schafft es mich am Leben zu
halten.
Aus Liebe.
Jeder soll verdammt sein für den ich nur Leistung als
Lebenssinn haben soll.

So funktioniere ich nicht.

Ich habe die Schnauze voll davon, wie du mich kaputt
machst, Mama.
Du zerstörst mich.

Ich kann so nicht leben.
Schon bald werde ich ein Monster werden, kalt und
herzlos.
Und das, wo ich gerade begonnen habe wieder mehr
Mitgefühl zu zeigen. War wohl nichts.

Ich bin nichts für dieses Leben.

Entweder muss ich von zuhause weg oder... es gibt kein oder.
Es ist überall schlimm, doch nirgends wie Zuhause.

Wo meine Eltern sind und mich nicht in Ruhe lassen.

Manchmal habe ich das Gefühl, dass ich jetzt nur noch für sie gut bin, um den Haushalt zu schmeißen.
Jetzt, wo sie wissen, dass ich nicht so bin wie sie es für mich geplant hatten.

Ich bin keine Maschine.

Sie nennen mich gestört, weil ich keine Freunde habe.
Sie nennen mich naiv, weil ich meinen Freund liebe, der nicht den höchsten Abschluss hat.
Sie nennen mich Schlampe, weil ich Erfahrungen gesammelt habe.
Sie nennen mich undankbar, weil ich zu dem Menschen stehe, der mich liebt und den ich liebe.

Ich bin Aschenputtel.

Ich bin nicht mehr deren Tochter.
Ich habe das nicht verdient so verurteilt zu werden, für das was ich bin und fühle.
Ich habe es nicht verdient, ein Sklave sein zu müssen.

All I can do right now is crying the shit out of my heart.

Tage

Manchmal gibt es Tage, da werden mir die kleinsten
Tätigkeiten zur Überforderung.
Schuhe zumachen, Kaffee trinken oder einfach nur zu
sprechen.
Das sind Tage, an denen ich keine Energie mehr habe,
ich selbst zu sein, mein Leben zu führen.

Ich möchte dann einfach nur in meinem Zimmer oder
bei meinem Freund sein und alles andere, was sich mein
Leben nennt abblenden.

Die Version, die ich jeden Tag in der Schule von mir
gebe, das bin inzwischen nicht mehr ich.
Ich habe das Gefühl, dass ich mich mit jedem Tag, den
ich in der Schule verbringe von mir selbst entferne.

Ich möchte jemand anderes sein.
Jemand, der beachtet wird, wenn er den Mund
aufmacht.
Jemand, dessen Worte man schätzt.

Aber das bin ich nicht.

Ich war mal jemand, mit dem ich Leben konnte, ich
habe Sport getrieben, konnte aus eigener Initiative mit
Leuten sprechen, wenn ich es wollte.
Denn von allein sprechen nur die wenigsten mit mir.
Ich konnte mich mit wenig glücklich reden.

Und doch ist die Blase, die mich so behütet hat, geplatzt.

Und das ist was ich Überbrückung genannt habe.
Denn jetzt holt mich meine düstere Persönlichkeit wieder ein. Tag für Tag.

Ich hatte jetzt ein paar Tage keine Schule, das waren Tage, die mein Inneres heilen lassen.
Und jetzt, wo ich wieder in die Schule muss, stelle ich mich auf das Zusammenbrechen erneut ein.

Ich bin dieser eine Fisch, der nicht mit dem Strom schwimmen kann.
Dieser eine Fisch, der im Trockenen Sand um sein Überleben zittern muss.
Immer unter Strom.

Ich frage mich, wann ich zuletzt länger als 5 Tage zufrieden war.

Es kann schon mal vorkommen, dass wenn du mich danach fragst, wie es mir geht, ich dir die abgekürzte Variante „Gut" gebe.
Vielleicht verstehst du ja, dass es zu lange dauern würde und viel Überwindung kostet, ehrlich zu sagen, wie es mir geht und wie mein Tag heute ist.

Jede nichtvertraute Person mehr, die in den Raum tritt, indem ich bin nimmt mir die Luft zum Atmen.
All diese Menschen, die machen mir unendlich viel Druck.

Ich fühle mich so, wie kurz vor Platzangst. All diese Menschen, die sich miteinander so leicht und friedlich unterhalten, die will ich nicht um mich haben.

Ich weiß nicht, ob ich am liebsten dazu gehören will und ein an der Oberfläche lebender Mensch oder ob ich einfach nur alleine mit meinen Gedanken sein will.

Diese ätzenden Menschen sind wie Parasiten, die ich nicht loswerden kann.

Sie lösen Aggressionen in mir aus, so einen Hass, so eine Wut.

Eine Wut auf alle die, die es nicht fühlen. Auf all die, die einfach so durch das Leben gehen können.

Ohne bei der kleinsten Niederlage einen hohen Blutdruck zu bekommen und sich ausmalen zu müssen ob man vielleicht lieber nicht leben sollte.

Meine Hände beginnen zu zittern.

Ich stehe kurz vor der Klippe, weil diese Leute einfach nicht aus meinem Umfeld verschwinden wollen.

Ich will sie nicht sehen, berühren oder hören müssen.

Ich will ihre Leichtigkeit, die ich nicht haben kann, nicht miterleben.

Ich will nicht denken müssen, dass sie mich seltsam finden, weil ich alleine in meiner Ecke sitze, Musik höre und wie wild auf meinem Handy herum tippe.

Ich will mich nicht nackt fühlen.

Es würde mir guttun, ein offenes tiefes Gespräch in Ruhe und Stille zu führen mit einer Person, die es auch fühlt. Den Schmerz der eigenen Seele, die Angst zu haben die Kontrolle über sein eigenes Leben zu verlieren.

Ich möchte zu jemandem sagen können: „You know the way my blood runs".

Mein Leben kontrolliert mich mit jeder nur möglichen Gewalt.

Ich sehe nur noch schwarz oder weiß, gut oder schlecht, richtig und falsch.
Was ich wirklich vom Herzen will, das weiß ich in den seltenen Fällen.
Ich bin irgendwie blind vor Schmerz.

Vielleicht kennst du das ja auch.

An Tagen wie diesen höre ich Songs wie „Don't go away" von Oasis.
Oder „I will be good" von Jaymes Young.
Ich mag die Band inzwischen sehr.
Die Musik, die sie machen ist leicht und friedlich und doch großen teils schwer und nachdenklich.
Genau wie meine Seele.

Genau das was ich brauche, um den Tag zu überstehen ohne, dass mein Kartenhaus in sich zusammenfällt.

Wenn alle Fäden reißen was dann?

Ich gehe raus aufs Feld.
Ich gehe und gehe und gehe.
Vielleicht werde ich weinen. Oder überfahren.
Ist ja doch alles egal.

Du wirst mich nicht suchen kommen.

Wenn ich stolpere, nicht schlimm.
Es gewittert, auch okay.

Nichts ist schlimmer als das Leben, das man möchte,
nicht leben zu dürfen.

Irgendwie gefällt mir der Gedanke vom Blitz erschlagen
zu werden.

Was ist mit mir?

Ich will mich erschießen, damit ich ohne meine
erdrückenden Gedanken sein kann.
Die Frage ist aber ob ich dann immer noch Ich wäre,
wenn ich sie nicht hätte?

Ich halte es nicht aus.
Nichts hält mich noch stark genug.
Ich will aufgeben.
Nicht mehr kämpfen.
Ich bin die Tränen so satt, die ich in letzter Zeit so oft
vergießen muss.

Was ist mit mir passiert?

Ich will mich nicht aufgeben, ich habe noch Pläne und
Ziele, die ich erreichen will.
Doch all das ergibt nur einen Sinn mit meinem Freund
an meiner Seite.
Ich bin abhängig von ihm.

Das ist, wovor mich viele gewarnt haben.
Es könnte ja sein, dass er mich irgendwann verlässt und
dann ...

Aus und vorbei. Leben ohne Sinn.

Nichts ist mehr schön.
Der Druck in mir ist immer da.
Der Druck gibt niemals nach.

Das ist kein Leben für mich.
Ein Leben ohne ihn gibt es nicht mehr.

Es ist wirklich ernst.
zuhause geht es nicht mehr weiter, mein Freund und ich
werden zusammen einfach nicht akzeptiert und er darf
sich jetzt gar nicht mehr bei mir blicken lassen.
Es war aber vereinbart, dass er am Wochenende da ist
und in der Woche hier einfach nicht schlafen soll und
nicht jeden Tag da ist.

Das ist ja auch verständlich und damit könnte man
leben aber gar nicht mehr sehen?
Das ist das eine Problem, das andere ist, dass meine
Mutter mich unmöglich behandelt, sodass ich an mir
selbst zweifeln muss und kaum ein Tag ohne Geheule
und Zusammenbrüche vergeht.
Sie macht mir wirklich das Leben schwer indem sie
meinen Freund nicht akzeptiert und sich an mir rächt
indem sie mich zum Haushalt verdonnert und extrem
unsensibel und respektlos zu mir ist.
Sie sagt Dinge zu mir die tun mir einfach nur weh und
ich weiß gar nicht mehr, wie ich hier leben soll.
Ich halte das nicht mehr aus, sie kann mir nicht
vorwerfen, dass ich nicht Zuhause helfe, denn immer,
wenn sie was sagt dann mache ich das was sie von mir
will.
Doch das interessiert sie gar nicht, sie möchte meinen
Charakter verändern. Sie möchte erreichen, dass ich mit

meinem Freund Schluss mache und das werde ich aber doch nicht machen. Das kann doch nicht sein?

Meine Eltern müssen sich beide ändern.
Ich weiß nicht mehr weiter, was soll ich noch machen damit sie mich endlich in Frieden mein Leben leben lässt?

Ich will auch glücklich sein.
Ich bin nicht so geworden, wie sie es sich gewünscht hat und ich habe viele Fehler gemacht, aber sie ist wirklich ein Monster geworden, nicht ich bin der Übeltäter.
Wie sie über meinen Freund, mit dem ich inzwischen ein halbes Jahr zusammen bin, redet das tut einfach nur weh und macht mich wütend.
Er ist so ein guter Mensch, er liebt mich wirklich.

Ich habe nur ihn, wem ich vertraue und ich stehe zu ihm.
Warum ist das meiner Mutter so egal? Warum ist sie so kalt zu mir?
Wenn ich ihr gegenüberstehe und Weine berührt sie das gar nicht mehr.

Mein Vater ist im Krankenhaus und äußert sich kaum dazu und wenn ist er auf der Seite von meiner Mutter natürlich.
Es ist zuhause einfach nicht mehr normal, sondern unerträglich geworden, das macht keinen Spaß mehr.

01:58 Uhr

Ich habe vor schlafen zu gehen.
Ich weiß aber jetzt schon, dass ich vermutlich ziemlich
lange mit offenen Augen da liegen werde.

Ich denke so viel und doch so wenig zugleich. Eher
gesagt, versuche nicht zu denken.
Sobald ich in meinem Gedankenfluss bin fällt mir auf
wie sinnlos alles ist.
Ich kann seit Tagen nicht aufhören daran zu denken mir
was anzutun.

Meine Familie belügt sich und vertuscht Dinge, da
gehöre ich nicht rein. Ich habe keinen festen Platz.

In die Schule passe ich auch nicht, denn ich gehe nicht
auf Menschen zu und möchte mit keinem befreundet
sein nur damit die Person einen ‚Freund' mehr hat.

Ich möchte von Bedeutung sein.
Meine Meinung zählt.

Ich wurde als Kind in der Grundschule gemobbt,
bekam täglich Morddrohungen oder andere Sachen wie
„es würde uns allen besser gehen, wenn du dich einfach
aufhängst" zu hören.
Und auch heute werde ich noch auf irgendeine Weise
gemobbt.
Dennoch frage ich mich, wieso ich so düster bin.
Ich wurde schließlich nicht vergewaltigt oder so.
Klar wurde ich mehrfach bloßgestellt, aber warum hat

mich das so gekränkt?

Ich weiß was Liebe ist und warum reicht mir das nicht?
Warum tue ich mir diese Gedanken Tag für Tag an und
kann nicht einfach zufrieden sein mit dem was ist?

Oh Gott, ich weine so viel.
Ich weine wegen guten Sachen, wegen schlechten
Sachen mir geht alles so nah. Ich bin wie eine Wunde,
die jemand aufgekratzt hat, verzweifelt versucht sie zu
heilen.
Aber keine Wunde schafft es von ganz allein zu heilen,
manche verbleiben als Narben...

Ich begreife, dass ich letzten Endes völlig alleine mit
meinen Gefühlen bin, ich schwöre, wenn sie
irgendjemand fühlen könnte.

Mich würde interessieren, wie man eine Lösung dafür
finden sollte, aber das wünsche ich keiner gutherzigen
Person.

Heute dachte ich, dass ich in alle Spiegel reinschlagen
würde, weil ich meinen Anblick nicht ertrage.

Ich habe so viele Fehler gemacht und nichts kann ich
aus meinem Leben streichen und jetzt werde ich für
immer dafür verurteilt wer ich einmal war. Wie soll ich
lernen mit mir zu leben an Tagen, wo ich ohne meinen
Freund zurechtkommen muss?
Ich habe auch keine beste Freundin oder
Seelenverwandte.

Ich habe Angst jemanden zu belasten.
Wie soll ich damit umgehen, wenn ich nachts im Bett liege und die Gefühle und Gedanken nur so auf mich hinabfallen wie Hagel?
Wie kann ich sie abstellen?
Ich kann es nun einmal nicht und so weine ich. Und schreibe.
Und ich esse gerade so viel, dass es mich durch den Tag bringt.

Ich gehe freiwillig durch Brennnessel und trinke Wodka pur.
Ich überlege auch den neuen Whiskey zu probieren der in der Küche steht.

Was soll ich nur machen, um einmal nicht das zu fühlen was mich umbringt?

00:00 Uhr

Kannst du nicht einmal alles gut laufen lassen?
Auf einer Fliege machst du jedes Mal einen Elefanten
und immer schiebst du die Schuld auf mich und ich darf
mich dann dreckig fühlen.
Vielen Dank auch.
Dein ‚Gute Nacht' kannst du dir jetzt auch schenken die
werde ich jetzt nicht mehr haben.
Vielleicht hattest du recht und wir sind nicht gut
füreinander.
Vielleicht bin ich auch einfach nicht fähig deine
Respektlosigkeit wie du sie manchmal zu pflegen weißt,
zu ertragen.

Ich bin zu schwach dafür.
Ich bin so sauer, so wütend, so enttäuscht darüber, dass
du mich mir selbst überlässt.

Ich hasse dich, doch ich liebe dich.

Ich kann nicht ohne dich sein aber auch nicht mit dir.
Du zerstörst mich, aber gleichzeitig bist du das was
mich glücklich macht.
Du machst mich verrückt.

Und doch bin ich allein mit mir selbst.

Ich hasse dich, weil du mit allem klarkommst, ich hasse
dich, weil du eiskalt sein kannst.
Ich hasse dich so sehr, weil du mich immer verletzen
kannst.

Ich hasse dich, weil ich dich liebe.
Ich hasse dich, weil ich aus Liebe zu dir meine Familie
aufgegeben hab.
Ich hasse dich, weil ich alles für dich tun würde.
Ich hasse dich, weil du mir alles überlässt.
Ich hasse dich, weil ich deine liebe nicht spüre, wenn
ich nicht bei dir bin.

Ich hasse dich, weil du mir meine Freiheit raubst.
Ich hasse dich, weil du der Inhalt meines Lebens bist.
Ich hasse dich nicht genug, um dich zu verlassen.
Ich hasse dich, weil du nicht mit mir leidest.

Ich hasse dich, weil du dich nie entschuldigst.
Ich hasse dich, weil du stur bist. Ich hasse dich, weil ich
dir nicht sagen kann was ich denke, ohne alles kaputt zu
machen.

Ich hasse dich, weil ich abhängig von dir bin.
Ich hasse dich, weil ich ohne dich niemanden hab.
Ich hasse dich, weil du dir keine Mühe mehr gibst.

Ich kann nicht mehr, ich weiß nicht mehr weiter. Was
soll das? Du machst mich kaputt.
Ohne dich zu sein, macht mich kaputt. Es macht mich
kaputt, wie es dich nicht kaputt macht.
Du bist eiskalt geworden.

Was von all dem ist noch echt?

Ich liebe dich zu sehr, um all das aufzugeben, trotz der
vielen Gründe dich zu hassen.

Veränderung ist gut, oder?

Eine Woche kann manchmal mehr verändern als ein ganzes Jahr.
Durch so viel Leid musste ich gehen und das muss ich immer noch.
Frauen neigen ja dazu alles zu dramatisieren und ich finde das hat auch einen guten Grund:

Wir sind ein empfindliches sensibles und doch so unfassbar starkes Geschlecht.

Es ist egal was ein Mann dazu sagen mag. Wir sind bewundernswert.
Deshalb ist es auch keine Blamage, wenn man mal zusammenbricht
denn wir müssen schließlich vieles durchstehen ob es die Periode ist oder nur die Sorgen, die man sich um seinen Partner macht oder vielleicht sogar um sich selbst?

Zu leiden macht uns Frauen stark, es macht uns klüger für die nächste schwere Situation, die kommen wird. Wir können verdammt stolz auf uns sein.

Vielleicht sind wir nicht so gut in der Lage unsere Gefühle zu verstecken, wie Männer es oft tun, aber ist das überhaupt richtig? Meiner Meinung nach ist das keine Lösung.
Es wäre schön, wenn ich mich selbst betrügen könnte, damit ich es mir leichter im Leben mache, aber das ist nicht die Realität.

In meinem Leben hat sich in letzter Zeit viel verändert.
Meine Beziehung stand auf dem seidenen Faden und
das Vertrauen in meine Eltern ist auf ein Minimum
geschrumpft.
Sozial integriert (Freundschaften etc.) bin ich nach wie
vor nicht wirklich.

Aber hey, heute habe ich mir einen Gedanken
gefasst: „Du bist zu perfektionistisch und deshalb bist
du immer so enttäuscht von anderen oder dir selbst."

Ich weiß noch nicht, wie ich da ran gehen soll, um es zu
ändern.
Kann sein, dass mir sogar ein Psychologe helfen muss,
aber irgendwas muss getan werden. Ich drehe sonst
noch durch.
Unsere ganze Welt besteht nur noch aus Lügen und nur
wer am wenigsten verwundbar ist schlägt sich gut
durch. Das frustriert mich alles.

Ich habe wenigstens mit meinem Führerschein
begonnen und habe mir so ein Ziel gesetzt.
Das ist etwas Positives. Dennoch bin ich so
verunsichert.
Die Beziehung von meinem Freund und mir war mir
immer an erster Stelle und das ist sie immer noch.
Aber leider bin ich jetzt dazu gezwungen meine Karriere
über sie zu stellen, weil er es auch tut.
Sein Erfolg steht über mir.
Es verletzt mich tatsächlich, dass er lieber im
Fitnessstudio ist als die Zeit mit mir zu nutzen, aber ich
verstehe das.
Als ich das letzte Mal mit ihm zusammen trainiert habe,

habe ich es tatsächlich einmal geschafft meine soziale Phobie zu unterdrücken.
Ich konnte trainieren und fühlte mich weitgehend unbeobachtet.
Das hat mich so glücklich gemacht.

Früher war ich oft alleine in einem Fitnessstudio, in dem grundsätzlich weniger los war und wenn jemand da war waren es ältere.

Naja, aber es hat sich vieles geändert.
Ich kann nicht mehr alleine sein, ohne in diese endlose Unzufriedenheit zu fallen, diese Leere.
Das Schwanken zwischen Gefühlslosigkeit und ätzende Enttäuschung bis zu den Tränen.

Wie soll ich nur damit umgehen?
Wie soll ich damit umgehen, dass ich für immer die sein werde, die alles für diese Partnerschaft geben wird?

Liebe ich dich mehr als du mich?
Ist es das? Oder bin ich einfach nur zu sensibel sodass ich mir absolut alles zu Herzen nehme?
Schadet diese Eigenschaft unserer Beziehung?

Kann ich diese Eigenschaft einzäunen?

„... weil jetzt alles zu spät ist ich kann mir nicht mehr
aussuchen ob ich damit leben kann oder nicht
Und vor allem weil ich ´ne Menge dafür tun würde um
immer in deiner Nähe zu sein"

„Was bringt dir das Geld denn, wenn du nie da bist?
Macht dich das glücklich? Sag mir das mal"

Ich habe keinen Kopf für Sport oder Schule für rein gar
nichts.
Ich denke nur noch an dich und wenn ich miese Zeiten
habe will ich nur bei dir sein, so bin ich drauf.

Aber du bist da anders.

Wie kann es sein, dass du es überhaupt in Erwägung
ziehst, wochenlang von mir weg sein zu müssen.
Wie kann es sein, dass ich so abhängig von dir
geworden bin?

Du und ich.

Du willst nicht, dass ich mit meinen Eltern über dich
rede. Verstehe ich.
Immerhin haben sie dich zum Gespött gemacht was
auch an mir nicht nur so vorbei ging.
Aber indem sie merken, dass du was aus dir machst
ändert sich das vielleicht und deswegen fand ich das gut
einmal zu erzählen, dass du zur Bundeswehr möchtest.
Du hast Ziele im Leben und lässt dich von deiner
Freundin nicht beeinflussen.
Hut ab.
Du schaffst es wie eine Maschine dafür zu arbeiten was
du erreichen möchtest und kannst dabei schnell kalt
wirken.
Ich wünschte ich könnte mich auch mal so sehr auf
etwas konzentrieren, dass ich meine Gedanken und
Gefühle abschalten kann.
Aber in meinem Leben bist du der Mittelpunkt.
Nicht meine Karriere.
Nur du.
Und ich weiß, dass ich vielleicht deshalb so eine Angst
um dich habe.
Weil ich immer um dich besorgt bin.
Weil in meinem Hinterkopf immer du bist.
Immer wieder stelle ich mir die Fragen:

Was würdest du davon halten?
Wie würdest du Das finden?
Kann ich das machen?
Wie reagierst du darauf?
Geht es dir gut?
Was erwartest du von mir?

Wie weit kann ich gehen?
Und wie weit wirst du gehen?
Was kann ich dir verzeihen?
Was können wir uns verzeihen?
Wo ist unsere Grenze?
Wird es wieder wie früher?

Ständig muss ich aufpassen was ich sage oder schreibe.
Grundsätzlich fühle ich mich eingeschränkt, weil ich
mir sorgen mache.
Freunde habe ich lange nicht getroffen, weil ich es
vorgezogen habe dich zu sehen.
Und jetzt schlägst du es mir sogar selbst vor mich mit
ihnen zu treffen und es verletzt mich.
Es verletzt mich, dass du dich nicht darüber freust, dass
du meine oberste Priorität bist.
Aber bin ich deine? Vermutlich ja aber momentan
sicherlich nicht.

Man sagt liebe macht blind.
Man vergisst sich selbst, die Ziele, die man hat und gibt
eventuell Hobbys auf.
Das kann ich bestätigen.
Ich habe die Schule schleifen lassen.
Bin schwächer geworden.
Meine Ziele haben sich minimiert.
Doch ich habe vor das zu ändern.
Ich kann und darf mein Leben nicht von dir abhängig
machen lassen.
Du solltest mein Leben bereichern, mir mein
Selbstbewusstsein stärken aber nicht meine Gefühle,
Gedanken und sogar die Kontrolle über mich selbst
beeinträchtigen.

Ich liebe dich sehr.
Aber mich sollte ich trotzdem mehr lieben.

Aber zurzeit liebe ich dich mehr als mich selbst und ich
glaube das ist ein Problem für unsere Beziehung.
Und davon habe ich mehr als genug.
Doch ich weiß, Das kriegen wir hin.
Ich schaffe das.
Bestimmt nicht allein, aber mit Kraft und Mut werde
ich mein Leben wieder nach eigenem empfinden
steuern.

Kann ich das aushalten?

Mich stört, dass du dich von jeder Scheiße ärgern lässt und nicht einfach froh sein kannst, dass ich lebe. Mich stört, dass du sauer auf mich bist, wenn ich am Boden zerstört bin.

Mich stört, dass du mich nur liebst, wenn ich stark bin und mir alles egal ist. Mich stört, dass du, wenn wir uns streiten dein Ding durchziehst und mit tunnelblick alles einfach weiter geht. Mich stört, dass du mir immer wieder vor die Nase reibst, dass ich ja so schlampig wäre und dass ich an allem einfach selber schuld bin. Mich stört, dass du vor lauter Selbsthass alles Mögliche zu mir sagst damit ich Schluss mache.
Mich stört, dass du so stur bist und so in deine bin ja eh an allem schuld Schiene drin bist, dass sowieso nichts besser werden kann. Mich stört, dass ich alle deine Probleme hinnehmen und akzeptieren kann und sogar noch versuche dir entgegen zu kommen, aber du kannst es nicht.

Mich stört, dass du so eiskalt zu mir bist, dass jeder Text während wir uns streiten sich schlimmer anfühlt wie ein Schlag ins Gesicht.
Mich stört, dass du nicht schätzt was ich schon für dich getan habe, dass ich mit dir zum Sport gehe obwohl ich solche komplexe habe die ich dabei bin zu überwinden dank dir aber in solchen Momenten habe ich Angst, dass es wieder auf Level null fällt.
Mich stört, dass du so eine Macht über mein Leben

hast, dass ich nicht mehr weiß ob ich Hunger oder Durst habe. Ich habe solche Angst dich zu verlieren, dass meine Sinne mit mir durchgehen und ich nicht mehr weiß was gut für mich ist. Mich stört, dass ich dein wohl über mein eigenes setze. Mich stört, dass du mich nicht nachempfinden kannst.

Mich stört, dass du wie eine Maschine geworden bist und ich Angst haben muss irgendwas Falsches zu sagen und dann direkt der dritte Weltkrieg ausbrechen muss. Am meisten stört mich, dass ich wegen dir schlaflose Nächte habe und du einfach seelenruhig schlafen kannst, wie einer dem alles am Arsch vorbei geht.

Wenn mein Freund und ich tatsächlich auseinander gegangen wären, wüsste ich nicht wie ich mit mir weiterleben sollte. Allein dieser Moment der Dunkelheit, als ich uns so sehr in Frage gestellt habe hat meine Seele stark bröckeln lassen.

Wie ich geweint habe, als er bei mir war und ich dachte, wenn er aus dieser Tür geht war es das für immer. Ich dachte das halte ich niemals aus.

Und es stimmt, denn wir sind noch zusammen. Oder sind es wieder. Ich bin so froh, dass es nicht wirklich aus mit uns war. Ich musste vom Herzen weinen und anscheinend hat es ihm gezeigt, wie sehr ich ihn liebe. Eigentlich schade, dass ich erst so leiden muss, damit er versteht.

Diese Situation hat mir viel über mich selbst gezeigt.

Ich habe so gut wie gar kein Durchhaltevermögen und das kann ich fast auf alle Herausforderung dieses Lebens beziehen. Ob es mein aktuelles Praktikum in der Kita, meine Schullaufbahn in der Schule oder meine Beziehungen sowohl familiär als auch anderweitig ist.

Irgendwie kann ich nichts reibungslos durchziehen, auch wenn es besser für mich wäre. Und so bleibe ich dennoch allein. Allein mit meinem Freund.

Oh Gott, wie dankbar ich bin, dass ich ihn nicht auch noch verloren habe. Ich fühle mich tatsächlich alleine zwischen all meinen Verpflichtungen, die mich erdrücken. Ich muss dieses, ich muss jenes, dort muss ich gut ankommen und woanders muss ich Stärke beweisen. Ich bin nirgends ohne Druck und Stress und es frisst mich auf.

Ich verstehe auch nicht, wieso ein 6 Stündiger Tag im Kindergarten mich jetzt so auslaugt, obwohl ich mich eigentlich nur mit harmlosen Kindern unterhalten und mit ihnen spielen muss. In jedem Augenblick, in dem ein Kind etwas von mir möchte und mich anspricht strengt es mich schon an. Diese dringende Suche nach den richtigen Worten.

Wie rede ich mit einem Kind? Wie kann ich ein Kind korrigieren, wenn es bei einem Spiel schummelt?

Ich habe kein Durchhaltevermögen. Ich bin schwach. Jede Herausforderung ist mir zu viel.

Ich kann nicht nein sagen und ebenfalls keines hören.
Bin ich perfektionistisch? Eher nicht.

Wie arbeite ich an meinem
Durchhaltevermögen? Wie werde ich stark? Wie komme
ich mit den schwierigen, nervenzerreißenden
Situationen zurecht?

Wie drehe ich nicht vor lauter Verantwortung durch?
Wie höre ich auf vor allem weg zu laufen, ohne dabei
das Gefühl zu haben wegen allem weinen zu müssen
und das Gefühl zu haben, dass ich an der Situation
ersticke?

Wie werde ich Herr meiner Selbst?

Meine Gefühle nehmen Überhand.

Ich will es dir unbedingt recht machen.
Aber auch mir. Uns beiden.
Ich mag es nicht, wenn du traurig oder enttäuscht bist.
Wir sind seelenverwandt. Wenn es dir schlecht wegen
etwas geht, dann auch mir.
Ich weiß inzwischen, dass du vieles nicht aussprichst
und dass du deine Gefühle, anstatt sie zu zeigen, eher in
Abweisung umwandelst.
Ja, natürlich tut es mir weh.
Aber was soll's? Wie oft tue ich dir indirekt weh und
merke es nicht mal?
Warum bin ich dann also dennoch so angegriffen, wenn
du deine Verstimmtheit präsentierst und ich nichts
ändern kann?

Ich versuche deine Laune zu bessern
- *Schlag in die Fresse.*
Ich versuche dich zu überzeugen
- *Schlag in die Fresse.*
Ich lasse dich in Ruhe
- *Schlag in die Fresse.*
Ich gehe auf dich zu
- *Schlag in die Fresse.*

Dann ist es so.
Vielleicht hast du einfach niemanden an dem du deinen
Frust auslassen kann und wer sollte es sein, wenn nicht
deine Seelenverwandte. Mache ich mit dir nicht
dasselbe?

Es wird wohl immer so sein.
Wir können nicht mit aber auch nicht ohneeinander.
Wir zerstören uns, aber gleichzeitig gibt es nichts das
uns die Heilung geben kann, wie das was wir
miteinander haben.

Wir befinden uns auf der krassesten Achterbahn.
Mit abwechslungsreichen Loopings und so.
Was ist schon eine Achterbahn, wenn man nicht für
einen Moment lang Angst um sein Leben hat? Machen
wir sowas nicht nur, wegen des Adrenalins?

Gedicht aus Langeweile

Ich sitze am

Tisch

Und denke an

Dich

Beim Schreiben der

Worte

Wünsch ich mich an

Orte

Die warm sind und

Schön

Wie gerne würd ich dich dort

Verwöhn

Gemeinsam zum

Strand

Wir beide kriegen

Sonnenbrand

Trinken eins zwei

Sangria

Und lachen schon

Wieder

Man sieht in den

Medien

Wir waren in

Spanien

Viele Orte werden wir

Erkunden

Den perfekten Begleiter in dir

Gefunden

08.07.18, 23:55

Es passiert so viel Neues um mich herum. Ich bin so
gespannt.
Viele Veränderungen, hoffentlich positive werden
vollzogen. Bald beginnen die Sommerferien und damit
auch meine Führerscheinphase.
Dafür macht es mir schon jetzt Spaß zu lernen.

Ich bekomme eine neue Brille, die ich dann wirklich
konsequent tragen muss, wenn ich eines Tages selber
ein Auto fahren will. Nach den Sommerferien bin ich
dann in der Q1 und meinem Ziel ein wenig
nähergekommen.
Ich möchte das wirklich gut machen, damit ich stolz auf
mich sein kann und im Nachhinein nicht bereuen muss,
dass ich nicht mehr hätte tun können.

Das ist positiver Stress. Der bringt mich weiter und lässt
mich daran wachsen. Ich bin wirklich motiviert, denn
zurzeit läuft vieles ganz gut aber mal sehen für wie
lange.

Wie sagt man, irgendwas ist immer.
Verlierst du ein Problem, so gibt dir das Leben die
nächste Herausforderung.

Challenge accepted.

Dies geht an so manche Mütter.

Was fehlt mir, dass du mich so mit anderen vergleichen musst?
Wieso vergleichst du mich und gibst mir das Gefühl schlechter zu sein? Bin ich so eine miese Tochter?
Was kann ich dafür, dass ich nicht so offensichtlich Dankbarkeit oder sonst etwas zeige?

Warum tust du mir so weh und bestrafst mich dann dafür? Es tut mir leid, dass ich nicht die Tochter bin, die du dir wünschst.
Ich werde mich nicht unglücklich machen, nur um dir zu gefallen. So wie andere es tun.
Heuchler.
So will ich einfach nicht sein und ich bin stolz so zu sein, wie ich bin.

Klar, finde ich auch schlecht, dass ich nicht so leicht Dankbarkeit zeigen kann, aber das wird seine Gründe haben. Du schätzt nicht, was ich tue und indirekt Dankbarkeit zeige.
Du schätzt nicht, dass ich so bin wie ich bin.

Du willst mich als Marionette.
Und ich will einfach nur weg von dir, nicht das Gefühl haben ein schlechtes Gewissen haben zu müssen, jedes Mal, wenn ich, statt mit dir Zeit zu verbringen bei meinem Freund bin.

Bei ihm fühle ich mich wohl.
Bei dir nicht mehr.

Ich denke immer daran, dass ich dir nicht gut genug
bin.
Es tut mir leid, dass du nicht zufrieden bist, wie ich
geworden bin. .

Vielleicht das Ende?

Es ist wieder soweit.
Ich habe es satt literweise Tränen laufen zu lassen.
Ich bin ein Schwächling.

Meine Liebe zu dir hat mich verwundbar und schwach
gemacht.
Fast 8 Monate sind wir zusammen und wir sind wieder
an dem Punkt, wo wir uns in Frage stellen.
Ich sterbe innerlich.

Du machst dein Ding, wieder einmal.
Ich Blase Trübsal und schlage mit den Augen Löcher in
die Wände, in der Hoffnung stark genug zu sein, um
nicht weinen zu müssen.
Ich habe falsch gedacht.

Ich habe zum ersten Mal jemanden geschlagen.
Es tut mir so leid.
Es war die falsche Situation.
Verdient hast du es dennoch auf eine Art und Weise.
Ich komme nicht damit zurecht.

Verliere ich dich jetzt endgültig?
Du sagst, so kann es nicht weiter gehen.
Kommst nie wieder in dieses Haus.
Willst mich aber auch nicht nur noch bei dir haben.
Es geht wieder von vorne los.

Ich liebe dich.
Und du mich.

Dennoch reicht es für jetzt nicht.
Ich bin am Ende.

Ich bemitleide mich selbst, weil ich alles zehnmal
intensiver fühle als du.
Jeden Schmerz, jedes Glück.
In deinen Augen nur tote Leere.
Aber du liebst mich.

Morgens weckst du mich und sagst
„Guten Morgen mein Liebling" und manchmal küsst du
mich auch, obwohl ich noch im Halbschlaf bin.
Deswegen weiß ich es.
Aber wie es jetzt weiter geht und wie ich damit
umgehen soll, das weiß ich nicht.

Ich fühle mich alleine gelassen.
Ich gebe mir für alles die Schuld.
Ich habe nur dich als Halt.

Du und meine Welt.

Mal wieder dreht sich meine Welt nur noch um Dich.
Ich habe alles kaputt gemacht.
Ich hätte es wissen sollen, dass meine Eltern nichts über
unsere Auseinandersetzungen wissen können.
Aber weil sie gerade da waren, redete ich mit Ihnen.
Ich hasse mich dafür.

Ich kann seit Tagen nichts festes mehr essen, ich bin
krank vor Sorge.
Du sagst ich mager mich ab dabei kann ich einfach
nicht. Ich leide und denke nur noch an dich und
vergesse zu leben.
Ich sitze hier und warte bis alles wieder gut wird. Das
Leben zieht an mir vorbei.
Ich habe Angst, dass du lernst, dass du ohne mich
besser dran bist.
Du findest eine Auszeit wäre das Beste.
Ich habe Angst, du entwöhnst dich dabei von mir.
Ich will doch nur Teil deines Lebens sein.

Wie schaffst du es, trotz der seltsamen Situation um 8
Uhr aufzustehen und joggen zugehen?
Wieso schreibst du mir nicht mehr guten Morgen, wenn
du vor mir wach bist?
Wieso?
Wie kannst du mich lieben aber mich dennoch wie
einen dahergelaufenen Freund behandeln?
Wenn es Liebe ist, wie kannst du dann jetzt nicht wissen
was Sache ist?

Wie kannst du nur?
Du erschaffst mir meine persönliche Hölle.

Und wieder mal fühle ich mich von dir allein gelassen...
und nein tut mir leid, ich bin nicht bereit mich von dir
zu trennen und werde es auch nicht sein.
Probleme hin oder her wer liebt nimmt es auf sich,
koste es was es wolle.

Aber dich, gebe ich niemals auf nein.

14:19, 03.08.

Das Leben zwingt mich in die Knie.
Kann Hoffnung haben schädlicher sein als keine
Hoffnung zu haben?

Ich hoffe, ich Kämpfe, ich glaube.
Du zweifelst. Ich weiß, dass du auch hoffst.
Aber ich weiß auch, dass ich mehr empfinde als du.
Andernfalls wären wir jetzt nicht dort, wo wir gerade
sind.

„Wir hatten das so schon mal und danach lange keinen
Streit gehabt es lief bestens das war jetzt einfach der
Fehler mit meinen Eltern das wird ja nicht mehr
vorkommen also wird alles wieder gut werden"
Er: „Hm keine Ahnung"
„Denk an das Gefühl, dass wir immer hatten, wenn wir
beieinander waren ist das nicht jeden Kampf wert?
Naja, also du weißt ich liebe dich und für mich bist du
der einzig richtige nur dir kann ich vertrauen und will
mein Leben nur mit dir verbringen. Mir tut das alles
auch sehr leid was passiert ist aber aus der
Vergangenheit lernt man, man lebt nicht darin. Wir
stehen das, wenn nur zusammen durch so sehe ich das „
Er: „Ich weiß, dass du das so siehst."
„Ja bis ans Ende der Welt schon vergessen? Denk ruhig
nach und alles man kann an allem arbeiten, aber das ist
es sicher nicht gewesen das weiß ich"
Er: „Und nun"

Nenne mich noch einmal pessimistisch.

Zurzeit muss ich für uns beide positiv denken.

Jeder wird sagen, dass alles ein Ende haben wird.
Gezwungenermaßen wird alles durch den Tod beendet
oder andere Dinge passieren.
Wir haben alles in der Hand, nur nicht den Tod.

Sag mir, nerve ich dich nur noch?
Wie kommt deine plötzliche Lust unter die Menschen
zu gehen? Du warst immer zufrieden mit mir zu
kuscheln und einfach deine Ruhe mit mir zu haben.
Sind wir schon das *alte Ehepaar,* das sich auf die Nerven
geht?
Brauchen wir einen neuen Schwung?

Seit unseres letzten Streits wegen meiner Mutter hast du
mich paar Tage ganz schön leiden lassen.
Dann hast du wieder getan als wäre nichts gewesen.
Aber wenn ich in deine Augen sehe, bist du nicht da.
Den Freiraum, den sich meine Mutter für mich
wünscht, den gibst du mir jetzt.
Aber ich will nur bei dir sein.
Mein erster Gedanke morgens ist:
Werden wir uns heute sehen?

Du hast jetzt nur noch Sport und lernen im Kopf. Ich
bin nicht mehr deine erste Priorität.
Aber hey, du bist noch immer meine...
Du denkst jetzt mehr an dich selbst.
Ich nicht.

63

Ich existiere nur mit dir an meiner Seite.
Ich weiß nicht was ich machen soll, wenn ich nicht bei
dir bin.
Ich kann nicht einen Tag ohne dich sein.
Aber andersherum fühlt es sich gerade so unheimlich
komisch an zwischen uns.
Ich habe Angst die falschen Dinge zu sagen oder zu
machen.
Und ich vermisse, deine Liebe zu spüren.
Wann umarmst du mich wieder so herzhaft?

Wann kommst du wieder zurück und liebst mich wie zu
Beginn?

Du bist so zielfokussiert und mir ist jeden Tag nur
langweilig, natürlich gehe ich dir da auf die Nerven.
Mein Leben braucht wieder einen Ansporn.

Ich glaube, ich will wieder in die Schule.

Warum lieben wir Menschen?

Wir möchten uns an jemanden binden.
Der Mensch ist kein Einzelgänger, er braucht Freunde,
er braucht Liebe. Und Familie. Ich habe meinen Freund
kaputt gemacht.
Er sagt „Menschen verändern sich" und „Warum wohl
bin ich jetzt so", damit ich mich schuldig fühle?
Glückwunsch das tue ich.
Früher hat er mich erdrückt indem er mich immer
sehen wollte, aber ich habe das mitgemacht.

Ich habe mich daran gewöhnt und jetzt klammere ich
selbst so. Und jetzt will er mich nicht mehr sehen.
Er sagt er genießt es, wenn wir uns viel sehen aber zu
viel würde ihn bedrängen.

Ich erkenne ihn nicht wieder.
Was habe ich nur getan? Ich will, dass alles wieder so
wird wie früher.
Aber vielleicht wird es das niemals werden.
Vielleicht bedeutet es unser Ende. Meine Therapeutin
sagt er ist mein Teddybär. Ohne ihn geht nichts.
Er sagt: „Ich will, dass du auch ohne mich
klarkommst". Geht er mir fremd oder liebt er mich
einfach nicht mehr? Macht es ihm Angst von jemandem
so geliebt zu werden wie von mir? Muss ich ihm jetzt
beweisen, dass ich alleine klarkomme?

Wie soll ich das denn machen? Meine Freunde sind zu
beschäftigt für mich meine Eltern sind ohnehin nicht

die Gesprächspartner und ich möchte niemanden vollheulen.

Ich bin allein. Ich habe nur ihn. Und mich selbst. Was mache ich nur, wenn du nicht mehr bist.

Schmerz, der nie endet.

Ich weine mich in den Schlaf.
Es tut so weh.

Ich könnte schreien.
Ich hasse dich.

Nein, ich liebe dich zu sehr.
Und das war der Fehler.
Ich liebe dich unendlich.
Ich wusste nicht wie sehr ich lieben kann bis ich dich
traf.
Und jetzt wird es enden.
Alles wird umsonst gewesen sein.
Weil ich dich nerve.
Weil du mich nicht mehr vermisst.

Du bist dabei mir mein Herz zu brechen.
Wie etliche Male schon.

Nur noch schlimmer.

Endgültiger.
Ich will nicht ohne dich leben.
Oh Gott, es tut so weh.
Es tut weh zu sehen, dass du dir schon neue Mädchen
bei Instagram gesucht hast.

War das alles nur Show?

Warum hast du mir gesagt du würdest mich noch lieben?
Deine Taten sagen das Gegenteil aus. Ich bin dir egal geworden.
Und ich sterbe innerlich und weine die ganze Nacht.

Ich kann nicht mehr.

Der erste Tag ist um.
Kein „Guten Morgen" kein „wie geht´s" kam von dir.

Nichts.
Und ich habe auch nichts geschrieben.
Auf deinem neuen Bild hast du mich auch nicht markiert. Schleichst du dich davon?
Willst du mir vielleicht schonend beibringen, dass diese Beziehung vorbei ist? Ich hoffe du denkst wirklich nach.
Ich hoffe du gewöhnst dich nicht daran, ohne mich zu sein.
Ich hoffe, du vermisst mich manchmal. Ich vermisse dich. Ich denke ständig an dich.
Ich will dich.

Das Einzige, womit ich mich aufrecht erhalten kann ist, dass, wenn du mich wirklich liebst, dann wirst du auch zu mir zurückkehren.
Ich hoffe nur, dass es nicht zu lange dauern wird, denn ich beginne mich in den Schmerzen zu verlieren.

Begebe mich in Rauschsituationen, um Adrenalin zu
bekommen, muss rund um die Uhr beschäftigt sein.
Am besten den ganzen Tag unterwegs und bloß nicht
zuhause. Ich ertrage keine Erinnerung mehr an dich.
Habe die Bilder in eine Kiste geräumt.
Mein Hintergrundbild geändert.

„Verpiss dich aus meinem Leben!", hast du gesagt und
ich bleibe dennoch. „Und auch wenn wir uns jetzt
gerade nicht leiden können, kannst du mir vertrauen.",
mit so viel Güte entgegne ich dir.

Ich habe wirklich Angst.
Angst davor, dass es nicht nur eine Beziehungspause
ist.
Angst davor, dass die Trennung echt und endgültig ist.
Angst davor, dass ich dir egal sein werde.
Ich habe wirklich Angst, dass sich das Warten nicht
lohnt.
Dass du nicht beginnen wirst zu kämpfen.
Oder, dass ich dich aufgeben muss.
Denn ich habe keine Kraft mehr, weil ich immer alleine
gekämpft hab.

8 Monate, 1 Tag

Du hättest es verhindern können, aber du hast es nicht.
„Zu spät" hast du gesagt.
„Manchmal muss man leider an sich selber denken"
hast du gesagt.
„Für was zu schade zu schade schlecht gelaunt zu sein
nicht glücklich zu sein ja dafür bin ich mir zu schade"
hast du gesagt.

Game over.
Wer nicht kämpft, der verliert.

Mein Fehler, denn ich habe dich zu sehr geliebt.
Du bist und bleibst meine erste große Liebe. Auch
wenn wir jetzt getrennte Wege gehen. Schweren
Herzens musste ich erkennen, dass ich zu gutherzig für
dich bin.
Hätte ich nicht immer alles dafür gegeben, wäre unsere
Beziehung schon früher vorbei gewesen.
Ich habe diesen Kampf alleine gekämpft.
Und schlussendlich verloren.

I miss you.

I'm so desperately overthinking and missing you and
craving for your love
that I would rather go to school again,
than being stuck in my shock.

Tell me, if you love me, why did you let that happen?
Why did you let me go without any fighting? Has this
ever really been true love?

I'm shocked.
Your cold behaviour makes me angry.
I know, we both decided it would be better for us to
break up.
But who cares what's better?
Why couldn't you just f*cking care about your and my
feelings?
We once promised to stay together forever.
You wished to marry me.
And I was sure it would happen.
I was able to imagine having children with you.
You've been my future husband.
Everything felt so increadibly right.
You've been my soulmate ...for a moment.

I lost my boyfriend.
As well as I lost my best friend, my soulmate.

How? How should I go on without you?
I can't put our photos in the trash.
I will keep them.

I will keep your shirt and your boxers, just to remember your smell.
Because I probably will never see you again.
And the necklace you gave me, you will see her around my neck until I stop loving you.
And I now, I'll go crazy. I know it will be so hard.

I'm so so sorry about every bad thing that happened between us. I Miss you.

I miss your smell.
I miss your kisses. Your eyes.
And I miss your kind behaviour when you offered me a massage.
I miss holding your warm and strong hand.
I miss being hugged from you.
God damn, I even miss you for being jealous for silly reasons.

Damn, never have I missed someone so much.

„She loved him
and he loved her,
but the things between
them weren't easy."

Ich habe geweint. Und wie ich geweint habe.
Es waren 3 Tage, die ich mich in meinem Zimmer
ausgeweint habe. Dann am 16.08 meine Rettung:
Calella Party Urlaub.
Es war eine sehr spontane Aktion aber meine Freundin
hat mir den Arsch gerettet.
Und ich ihr.
Ich bin noch nie ohne meine Eltern weg gewesen, umso
mehr war der Urlaub *die Party meines Lebens.*

Ich habe es einfach ausgestanzt (Shoutout to Grey's
Anatomy) und jetzt geht es mir fast wunderbar.

3 Tage Clubs.
3 Tage Tanzen bis zum Schwitzen.
3 Tage Sangria und Tequila en masse.

Ob ich ein schlechtes Gewissen hatte?
Ja. Ich habe mit einem Jungen getanzt trotz der
Tatsache, dass ich nicht lange Single bin.
Ich habe auf dem Rückweg ins Hotel sogar weinen
müssen deswegen. Im Nachhinein hat es mir einfach
nur geholfen.
Mir die Augen geöffnet, dass die Welt mir viel mehr zu
bieten hat als das was ich mit ihm hatte.
Und auch dass es dort draußen jemand viel Besseres für
mich gibt und das Schicksal wird sich einen Zeitpunkt
aussuchen und es passieren lassen.

Wenn die Zeit reif ist.

Aber jetzt werde ich erstmal alles nachholen was ich
verpasst habe, wieder mehr Freundschaften pflegen.

Den Fokus auf mich und meine persönlichen Ziele und
Wünsche legen.
Und du wirst mich nicht davon abhalten.

Listening to your Spotify playlist and my heart keeps
breaking

King - SAINT PHNX
Orange Marmalade - Mellowdrone
Intoxicate - ZHU
Lion - AIZY
King of Pain - the Police
Drag me down - landon Austin

I'm sorry

Ich sagte, dass ich dich hasse.
In dem Moment tat ich es, aber was soll ich sagen, das
ist der Moment, an dem ich sage:

Du hattest Recht. Die Instinkte einer Mutter scheinen
oft unglaublich, aber deine eigene hat dich noch nie im
Stich gelassen. Oder nur sehr selten.

Mama, du sagtest er ist nicht gut für mich und du
hattest Recht.

What can I say?

Ich gehöre zu denen die einfach auf die Schnauze fallen
müssen, um zu begreifen. Sorry. Für den Hass, obwohl
du mich nur schützen wolltest. Zurecht. Wieder einmal.

Kann ich nicht auf mich selbst aufpassen?
Bin ich vielleicht doch zu naiv und gutgläubig?

Eine Mutter schützt ihr Junges, koste es was es wolle.

In love with a stranger

Du hast dich verändert.
Ich habe mich verändert.
Du trägst das Armband nicht mehr.
Ich trage deinen Anhänger nicht mehr.
Ich liebe dich trotzdem noch.
Ich verstehe diese Menschen nicht, die nach
Zwischenfällen und Kontakt mit anderen behaupten
können die Liebe für diesen Menschen sei
verschwunden.

Look, do you even know what it means to truly love???

Ich bin im Rausch. Keine Drogen.
Ein emotionaler Rausch.
Begebe mich in Situationen. Umgebe mich mit
Freunden, gehe feiern und shoppen.
Mache es mir unmöglich an dich zu denken oder dich
zu vermissen. Und siehe da jetzt liege ich hier, vermisse
dich trotzdem.
Sag mal, versuchst du noch mich auf Instagram zu
stalken? Siehst du noch nach was ich mache?
Fragst du jemanden, wie es mir geht?
Oder hasst du mich wirklich?
Hast du abgeschlossen?

Ist da noch Liebe?

Also ich mach das.
Doch ich tue nur so, als sei ich ein Single, der sein
Freisein genießt. Als wäre ich froh, dich nie wieder
sehen zu müssen.

Doch in Wahrheit vermisse ich dein Lächeln, wie du mich morgens angesehen hast, wachgeküsst hast.

Ich vermisse deine Locken und deine wunderschönen Augen.

Dear diary, I realized, I will probably miss him for much longer than I thought.

Wenn man bedenkt, dass überwiegend Seiten über uns und jetzt auch unsere Vergangenheit gefüllt sind, ist es schon möglich, dass unsere Geschichte niemals vergessen werden wird.
Als ich dich sah, dort sitzend auf der Mauer mit den Kopfhörern in den Ohren, explodierten in mir ganz viele Gefühle.
Hätte ich aussteigen sollen?

Wäre es dann wieder gut?

Erwartest du, dass ich dir nachlaufe?
Es wird mir niemals möglich sein dich loszulassen, denn ich habe deine Kette und deine Klamotten und dein Maiherz noch hier.
Ich kann es nicht leugnen, ich vermisse dich.
Aber ich vermisse dich nicht so hundertprozentig.

Ich vermisse die Momente, in denen ich deine Wärme und Zuneigung spürte. Dein Funkeln in den Augen.
Deine Verachtung vermisse ich nicht.
Als ich erfahren habe, dass du dir Lovoo wieder

gemacht hast, dass du „offen für neues" bist, da wurde mir erst klar, dass es nie wirklich ein **uns** gegeben haben kann.

Es sei denn du bist tatsächlich krank.
Niemand, der jemanden wirklich geliebt hat, ist nach zwei Wochen „wieder auf dem Markt".

„and if I truly told you that I miss you,
you would blame me."

Thoughts; 02.10.2018

This is obviously a month late.
Not that I planned to write something,

and

not that someone had been interested in
what I am writing,
but I think it is time to say I am over it.

I am happy about you and me ending up like this.

Genauso ist es. Wie es da steht.

Ich bin darüber hinweg. Und es hat nicht so lange
gedauert, wie ich zunächst befürchtet hatte.
Ich bin tatsächlich wirklich, nach langer Zeit glücklich.

Warum?

Ich habe mit niemanden darüber geredet, aber ich habe
jemanden kennen gelernt.

Ja, der eine oder andere wird sich denken, dass es etwas mehr als
einen Monat später noch zu früh ist.

Aber diese Person war nötig, um mir zu zeigen wie es sich anfühlt, wenn man dieselbe Zuneigung, zurückbekommt.

Diese Person war nötig, um mir die Augen zu öffnen, um meine Wunden zu heilen.

Ja, diese Person ist für mich mehr als nötig,

weil ich nun einmal keine beste Freundin habe, die für mich ins Feuer springt,
die weiß wenn ich Redebedarf habe und wann ich ihre Schulter brauche.

Dank dir weiß ich jetzt,

wie sich Vertrauen anfühlt.
Wie sich echter Zusammenhalt anfühlt.

Das Gefühl, nicht alleine zu sein, obwohl ich es gerade bin.

Ich habe dieses Gefühl, ja ein Glücksgefühl, wenn ich all die positiven Eigenschaften dieser Person aufzähle, wie ich es noch nie hatte.

Ich habe dieses Gefühl, meinen besten Freund
gefunden zu haben,

jemanden, dem ich blind vertraue und

zugleich

einen Menschen den ich für lange Zeit

bedingungslos

lieben könnte...

Das ist der Beginn einer neuen Liebesgeschichte.

The Night We Met - Lord Huron

Make you feel my love - Adele

Lean on me -Imaginary Future

--

All die Tage, an denen ich dachte schlimmer geht es nicht mehr, verblassen so langsam.

Weil ich gerade sehr zufrieden bin mit meinem Leben.

Aber,

es gibt immer Schlimmeres.

Es gibt immer eine Steigerung von dem, was man bereits durchgestanden hat.

Und die Angst, dass diese Steigerung Eintritt ist am Ende des Tages doch präsent.

Ich habe Angst vor dem nächsten Knall. Ich habe Angst, dass ich mich in meinen Höhen vielleicht doch ein wenig zu wohl fühle.

Ich habe die Sorge, dass ich noch einen Knall dieser Größe nicht aushalten werde. Ich habe die Angst, dass ich zu schnell zu glücklich werde und dann, wenn das Kartenhaus aus heiterem Himmel zerfällt, auch ich zerfalle.

Ich habe Angst, dass, wenn ich noch einmal so intensiv liebe, ich mich selbst dabei kaputt mache. Ich habe Angst, vor Menschen, die es mir schwer machen werden, diese Liebe so auszubauen und auszuleben, wie ich es brauche. Wie ich es für richtig halte.

Nach einem Monat von Liebe sprechen?

Ja, na und? Heißt es nicht, wenn es was Besonderes ist, wird das Unmögliche möglich? Ist es nicht so? Sollte Liebe nicht bedeuten, dass man plötzlich anfängt an Wunder zu glauben? Dass man anfängt, über sich hinaus zu wachsen, damit bloß alles gut geht? Wenn man anfängt selbstlos zu handeln, damit es dem anderen gut geht, nennt man das nicht Liebe?

Also nein, es ist keine Bettgeschichte. Es ist etwas Besonderes. Es ist etwas, wo ich Hoffnung reinstecke. Es ist ein Abenteuer, das ich jetzt brauche. Ich brauche diese Bestätigung, dass es die Liebe wirklich gibt.

Ich brauche die Bestätigung, dass man die Liebe nicht nur einmal im Leben erfährt.

Und vielleicht, vielleicht brauche ich die Erfahrung, dass das was kommt, so voll Liebe ist, dass ich all das was vorher gewesen ist, nicht mehr mit Liebe bezeichnen kann.

Ich brauche die Bestätigung, dass die Liebe noch kommt, die den Menschen an mich bindet, und zwar wirklich, hoffentlich für immer.

Baby, bitte gib mir das Gefühl, keine Angst vor dem Knall haben zu müssen.

Damit ich dich, endlich, für immer lieben kann.

Damit wir uns lieben können. Und wenn du mir dieses Gefühl gibst, dann lege ich dir meine nackte Seele auf den Schoß. Und vielleicht, ja vielleicht wirst du all die Seiten dann lesen.

Diese Seiten können dich abschrecken, das ist mir bewusst, aber dann weißt du nur, wer ich wirklich bin. Wie ich bin, wenn ich liebe. Wie ich bin, wenn ich leide.

Und all das, all die nackten Tatsachen, ja auch die gehören zu mir.

Und wenn diese Liebe wirklich grenzenlos sein soll, dann musst du auch diese Seiten von mir kennen.

Nicht mehr dieselbe.

Viele Teile hier, die ich geschrieben habe sind schon fast ein halbes Jahr her.
Es haben sich viele Ansichten geändert also hier das Update:

Natürlich habe ich noch deutlich einen Knacks weg aber im Großen und Ganzen habe ich keine depressiven Phasen mehr.
Ich schätze mich sehr glücklich mit meinem Leben. Ich bin zufrieden.
Ich genieße es neue Kontakte zu knüpfen, wenn ich spüre, dass die Chemie stimmt.
Meine Eltern und ich kommen meist miteinander aus.
Natürlich bin ich nach wie vor der Meinung, ich müsse hier raus.
Ich werde erwachsen und gestärkt von all den negativen Ereignissen.
Ich habe 8kg abgenommen, ich fühle mich sehr wohl in meiner Haut.
Es gibt Menschen, auf die ich mich wirklich verlassen kann.

Ich habe gelernt, dass es wichtig ist auf mich selbst zu achten. Dass meine Leistung etc., nebensächlich ist, wenn es darauf ankommt.
Ich habe begriffen, dass ich auf mein Inneres achten muss, es im Notfall ruhiger angehen lassen muss.

Ich habe Ziele, die mich motivieren.
Aber vor lauter Ehrgeiz, darf ich mich selbst nicht vergessen.

Seit ich das alles berücksichtige und nur das tue, das mich wirklich weiterbringt, geht es mir wirklich gut. Sicher geht es noch besser und ich muss weiter an mir arbeiten aber wenn man die Kapitel zuvor liest, ist das schon ein gutes Stück Errungenschaft.

Also ja, ich würde sagen mein Leben ist gut,
so wie es jetzt ist.

Es ist wohl kein Geheimnis mehr.
Jetzt weiß auch meine Mutter, dass es jemanden gibt.
Ich habe das Wochenende bei ihm verbracht und wollte nicht, dass meine Eltern es wissen.
Ich wusste es war eine schlechte Idee zu lügen.
Mein Alibi war gut, nicht gut genug.

Er hat mir eine Uhr aus dem Urlaub mitgebracht und die würde selbstverständlich direkt von meiner Mutter entdeckt.
Das bestätigte ihr nur, dass ich gelogen habe.
Wo sollte ich so eine Uhr wohl herhaben, wenn nicht von einem Jungen, von dem ich schon öfter geredet habe. Als ich ihr die Straße nicht nennen konnte, in der ich angeblich sein sollte, gingen die Alarmglocken in meiner Mutter los.

Sie nannte mich ehrenlos.
Sie nannte mich eine Schlampe.

Sie sagte, ihr sei übel, wenn sie daran denke, wie ihre Tochter ist.

Sie ist enttäuscht von mir, wieder mal. Mama, es tut mir leid aber mit deinem Kontrollwahn kann ich nicht leben. Selbst, wenn ich dir heute dreist
ins Gesicht gelogen habe, solltest du mir die Angst nehmen und hinter mir stehen und mir das Beste wünschen.

Doch was du tust ist mich im Regen alleine stehen zu lassen. Wie konnte ich nur denken, dass du mir einmal eine friedliche Chance erlaubst, jemanden zu finden mit dem ich glücklich sein kann.

Aber vielleicht habe ich es auch nicht anders verdient, denn irgendwo hat sie ja recht damit, dass es bei mir bisher immer schnell gegangen ist.

Aber ist nicht die Hauptsache, dass ich die meiste Zeit über glücklich so war? Warum bist du so zu mir? Warum kehrst du mir immer den Rücken zu, wenn alle anderen mich unterstützen und mir Glück wünschen?

Du tust es immer wieder. Aber ich werde mein Leben nicht nach dir richten.

Ich kann dir nicht gerecht werden.

Und da ist dieses neue, plötzliche Tief, vor dem ich mich so fürchtete.

Herbstgedanken

Ich weiß nicht, ob es sowas gibt, dass Tote von oben herabschauen können und alle Gefühle von den Hinterbliebenen spüren können, aber wenn es so ist, dann weißt du sicher, dass ich ihr eine gute Freundin zu sein versuche und vielleicht auch, dass ich es mehr verstehe als die anderen.

Ich frage mich, merkst du, dass ich mitfühle? Merkst du, dass ich wirklich für dich da sein möchte? Ich weiß, dass du die Zeilen lesen wirst und weißt, wenn du gemeint bist.

Du bist die beste Freundin, die ich habe. Auch wenn wir uns vielleicht nicht alles ins Gesicht erzählen, wie wir uns fühlen, denke ich, dass wir es trotzdem immer wissen, wie sich die andere fühlt. Und nein, ich weiß nicht wie du dich fühlst, mir ist so etwas grausames noch nie passiert, aber ich kann es mir sehr gut vorstellen, weil ich eben diese Vorstellungskraft habe.

Du bist mir wirklich wichtig, und ich mag dich so wie du bist! Jeder Mensch sollte sich wirklich glücklich schätzen, wenn du ihn in dein Leben gelassen hast.

Es fällt mir nicht leicht Zuneigung nach außen hin zu zeigen, weil das für mich so wäre, als würde ich mich nackt im Spiegel ansehen. Ich weiß nicht, wahrscheinlich mag ich die Menschen immer mehr, als sie mich überhaupt mögen.

Sobald ich einen Menschen wirklich mag, und alles vertreten kann was die Person sagt und ihr wirklich blind vertrauen kann, bin ich wirklich zu fast allem bereit.

Dann ertrage ich es nicht, wenn schlecht über diese Menschen geredet wird und muss für sie einstehen.

Und ich ertrage es nicht, sie mit meinen Sorgen zu belasten, insbesondere wenn sie es nicht tun.

Oder nicht so sehr. Manchmal frage ich mich auch, ob man mich für eine vertrauenswürdige Person hält. Oft lässt mich sowas an mir zweifeln. Manchmal frage ich mich, ob mich das krank macht.

In den letzten Tagen habe ich viel darüber nachgedacht, was für mich wichtig ist, wie ich mich als Mensch auszeichnen möchte.

Warum ich auf viele so kalt und abweisend wirke, doch dann kann ich nur sagen, hey es tut mir leid, es ist wohl der falsche Ort, um die echte Version von mir zu sprechen. Irgendwas in mir blockiert mich, zum Beispiel in der Schule, dass ich nicht 100% ich selbst sein kann.

Ich würde es gerne ändern, aber dafür ist an diesem Ort einfach zu viel passiert.

Genauso, wie ich aus meinem Wohnort raus muss, weil hier einfach zu viel passiert ist.

Ich bin gerade in einer melancholischen Phase, in der es mir wirklich nicht so richtig gut geht. Ich stelle das Leben als solches mal wieder in Frage, weil ich nach wie vor den Erwartungen meiner Mutter nicht nachkommen kann und, weil ich zu viel von mir selbst erwarte.

Dann wiederum gibt es Tage an denen bin ich hochmotiviert und verdränge diese andere Seite von mir, aber dann holt diese Seite mich doch wieder ein, weil ich mir zu viel zugemutet habe. Ich nehme den Mund oft gerne zu voll, ich bin gierig, erwarte zu viel und dann schaffe ich es nicht direkt. Ich bin keine Kämpferin mehr, ich kann nicht mehr die Zähne zusammenbeißen und sagen, *egal wie du dich fühlst, du machst das jetzt.*

Manchmal möchte ich von allen nur in Ruhe gelassen werden und Wein trinken, aber manchmal möchte ich, dass mir jemand die Hand reicht und mich da rausholt, mir sagt *komm, wir gehen mal ein Stück, denn ich will wissen was mit dir los ist.*

Das einzig treffende Wort für mein inneres zurzeit ist: *Chaos.*

Das setzt mich zurzeit einfach nur stark unter Stress und es gibt oft Momente, an denen ich einfach nur ein Kotzbrocken bin und unerträglich anzuhören. Der Stress trifft mich sogar so, dass ich Herzbeschwerden habe, weshalb ich jetzt mal den Kardiologen aufsuchen sollte.

Es setzt mich so unter Stress, dass ich in der Schule oft nur in Gedanken versunken bin, manchmal auch lieber schwänze als nur meine Zeit abzusitzen.

Mit irgendwas komme ich gerade jedenfalls absolut nicht zurecht, ich habe mal Kontrolle über mein Leben aber dann wieder auch nicht, so wie jetzt.

Irgendwas hat mich aus der Bahn geworfen.

Mir geht zurzeit vieles zum Thema Vertrauen durch den Kopf.

Mir wird bewusst, dass ich die Menschen, denen ich Vertrauen schenke, an

nur einer Hand abzählen kann.

Das ist recht wenig, wenn man bedenkt, dass meine Familie schon sehr groß

ist und ich auch sonst keine Schwierigkeiten damit habe, jemandem zu

vertrauen.

Die Frage jedoch ist, wie tief ist dieses Vertrauen? Von welchem Maß

Vertrauen kann gesprochen werden?

Ich muss sagen, wenn ich jemandem Vertraue, dann richtig. Dann gibt es

normalerweise kein mehr oder weniger.

Aber es gibt meine Eltern, denen vertraue ich mein Leben an, und es gibt

diese anderen Menschen, denen vertraue ich neben meinem Leben auch

noch meine Seele an.

Das sind Menschen, denen ich mich gänzlich hingebe, die wissen wie ich

ticke. Die wissen mit welchen Geschwüren ich manchmal zu kämpfen habe,

die wissen was das ist, das tief in mir vor sich hin brodelt.

Und davon gibt es inzwischen zwei oder vielleicht drei.

Und diese zwei Menschen muss ich beschützen, mit allem was ich habe.

Denn diese Menschen sind für mich wie eine Lebensversicherung.

Man sieht es nicht, aber man weiß, dass man jederzeit gerettet wird.
Man fühlt sich gebunden, stabil.
Es gibt mir ein Gefühl von Sicherheit.
Ich brauche diese Menschen, um das Leben wert schätzen zu können.

Ohne sie, würde ich meinen *Verstand* verlieren, nur noch existieren.

Und wenn es schon zur Sprache kommt, die Frage ob ich wirklich lebe oder

nur existiere, stellt sich mir mehr als oft.

Ich habe mir vorgenommen darüber *nachzudenken*, wenn ich in der

nächsten Woche bei meiner Familie in Litauen bin.
Dort werde ich sowieso

nachdenklich sein, weil ich dort unschönen Situationen ausgesetzt sein

werde.

Wir werden bei meiner Oma leben die geistig verwirrt und an das Bett

gefesselt ist, die Oma, die ihren Garten herzlich liebte, in dem ich als kleines

Kind immer Himbeeren gegessen habe.

Ich werde also Zeit haben, darüber nachzudenken *was leben für mich*

wirklich bedeutet. Wie ich leben soll, dass ich nachher meinen Enkelkindern

sagen kann, ja ich habe alles getan was ich immer wollte und ich bin

glücklich.

Uns Menschen ist letztlich so wenig *Zeit* geschenkt.

Als ich 12 war habe ich immer die beneidet, die 18 waren und die waren

immer sehr cool und in meinen Augen erwachsen.

Jetzt bin ich nur noch wenige Monate von der 18 entfernt, und ich weiß,

dass man mit 18 noch nicht erwachsen ist.

Ich weiß auch, dass mein früheres ich etwas anderes mit mir vorhatte.

Mein 18-jähriges ich wird anders sein, als geplant und das ist okay so.

Meine Vision war immer mit 18 auszuziehen und auf eigene Faust zu leben.

Heute weiß ich, dass es gar nicht so einfach ist, wie man es gerne hätte.

Man braucht vor allem Geld und Mut. Den Mut habe ich, das Geld nicht. Aber auch das ist okay so, denn alles kommt so, wie es für mich bestimmt ist. Ich glaube ganz fest daran, dass alles was meine Wege kreuzt, so sein soll.

Es kommt alles so, wie es sein soll. Und das erleichtert den enormen Druck der Erwartungen, die von mir selbst kommen aber auch von außen auf mich eindrücken. Deswegen kann ich immer sagen, egal was kommt, es wird gut.

Aber auch nur, wenn ich diese Menschen bei mir behalte, die mich halten und stützen beziehungsweise an die ich mich gebunden habe und für die ich alles Erdenkliche aus diesem doch viel zu kurzem Leben herausholen möchte.

Wenn du das also liest und glaubst einer dieser Menschen zu sein, dann das für dich:

- du trägst mein Herz und meine Liebe in deiner Hand

- du gibst mir halt

- du gibst mir Freude

- du machst mein Leben schön

- wir sind verbunden

- meine Beziehung zu dir ist grenzenlos

- für dich, würde ich einfach alles tun

Jeder tiefere Sinn meines Lebens kommt von euch allein. Ohne euch, wäre ich nicht mehr ich.

Manche Menschen lernt man halt kennen und vom ersten Augenblick weiß man, solche Menschen wird es nie wieder so geben.

Kein zweites oder drittes Mal werde ich auf so wunderbare Menschen treffen, die mir das Leben so schmackhaft machen und mir die positiven Seiten zeigen.

Die mir aber auch bewusst machen, wie schön es sein kann schwere Zeiten hinter sich zu lassen. Irgendwas ist an diesen Menschen so unfassbar besonders, dass es keine Worte dafür gibt, die dem gerecht werden.

Da fragt man sich, ob es Seelenverwandtschaft gibt.

So viel bedeuten sie mir. Und so dankbar bin ich dafür, dass ich solche Menschen in mein Leben schließen durfte.

Auf hoher See

Also das ist wirklich uncool.
Verbringt mal knappe 24 stunden auf einem Schiff auf
hoher See und habt kein Netz. Nicht mal anrufen oder
SMS kann man schreiben.
Echt uncool. Dafür habe ich mir folgen meiner Serie
heruntergeladen, aber ich merke gerade, dass ich auch
darauf keinen Zugriff habe.
Könnte durchdrehen.
Und dann bin ich auch noch mit meinen Eltern hier
und bin das dritte Rad am Wagen und somit alleine mit
meinen Gedanken. Ich hasse sowas.
Vor Allem wenn ich kein Internet habe versinke ich
umso mehr in meinen Gedanken.
In der Nacht hatte ich zwei aufwühlende Träume. In
dem ersten ging es um dich.

Das war ein schöner Traum und doch so traurig, weil
du fehlst. Es war eine alltägliche Situation in der Stadt
und doch so schön alleine, weil du in meinem Traum
warst.

 Und in dem zweiten um meine Schulfreundin.
Ich habe geträumt sie wäre in einem Brand den andere
gestiftet hatten gestorben und als ich sie dann lebendig
dort sah fiel ich ihr weinend in die Arme.
Ich bin wirklich kein Einzelgänger. Trotz der Tatsache,
dass ich kein netz habe schreibe ich dir, weil ich einfach
das Bedürfnis habe.
Wie soll ich die Zeit auch sonst überbrücken.

Ich mache mir andauernd sorgen um dich, du bist so weit weg von mir.

Ich hätte so gerne gefragt wie du geschlafen hast und was du heute machst.
Würde einfach gerne wissen, dass es dir gut geht.
Ich bin so froh, dass du mir deinen Hoodie gegeben hast und dass er nach dir riecht.
Sonst wäre es kalt geworden und noch weniger erträglich hier, ohne dich.

Ohne deine Nähe und deine Art wie sie mich zum Lachen bringt. Ohne deine Liebe und deinen perfekten Duft.
Ich wirke nach außen hin stark, aber ich brauche dich mehr als du glaubst.

Jeden Tag habe ich Kopfschmerzen, weil ich entweder zu viel nachdenke oder zu viel lerne.
Wobei, zu viel lernen kann man ja gar nicht, würde meine Familie jetzt sagen.

Ich frage mich oft ob es das wert ist.
Erfüllt es mich, bis an die Grenzen zu gelangen, dass es mich krank macht?

Wohl eher nicht.
Ich mache mir Sorgen mich selbst zu verlieren in der Masse an Wissen, die ich mir einprügeln muss.
Das ist schon einmal passiert und so möchte ich nicht wieder werden.

Heute habe ich mich wieder dabei ertappt, wie ich mir sagte, dass ich lernen sollte bis ich auf meinem Schreibtisch einknicke. Das ist für mich nicht richtig.
Später, im Studium ist das eher sinnvoll aber selbst dann nicht.
Ich darf mich nicht darin verlieren und vergessen wer ich bin.

Es ist eigentlich komisch.
Ich bin nie strebsam gewesen außer es ging um meine Figur. Aber jetzt nimmt mich der Ehrgeiz ein.
Weil ich ein gutes Leben haben möchte.
Es ist ein Widerspruch.
Ein gutes Leben führe ich, wenn ich weniger auf Schule lege aber dafür mehr auf das was ich will.
Aber ich ermögliche mir ein langfristig gutes Leben nur,

indem ich meins jetzt einschränke, was wiederum doch kein gutes friedliches Leben ist.

Die Leistungsgesellschaft bringt mich durcheinander. Man verliert sich selbst, um später dafür belohnt zu werden, dass man eine Maschine geworden ist.

Leistungsgesellschaft, moralisch irgendwie nicht vertretbar.
Nimmt es dem Menschen nicht die Würde, so behandelt zu werden?

Meine erste beste Freundin

„Sometimes I feel like there's something going on in my head but I'm too lazy to tell you, because eather you won't understand or telling won't change anything."

4 Jahre war sie -in meinen Augen- meine beste Freundin. Meine Seelenverwandte.
Wir konnten über alles reden.
Sie hatte ähnliche Denkweisen, oder hat zumindest so getan, als ob.
Ich habe immer zu ihr aufgeschaut.
Sie war immer beliebt und selbst die Tatsache, dass ihre „Boobies" größer waren und ihr Haar mehr Volumen hatte hat mir immer das Gefühl gegeben, in ihrem Schatten zu stehen. So war es auch. Sie hat mich eingeschüchtert.
Sie hat mir immer vermittelt, ich könne nie so sein wie sie, dass ich ohne sie völlig allein wäre, aufgrund meiner zurückhaltenden Art.
In einer fremden Umgebung bin ich meist eher der Zuhörer und Beobachter.

Bei ihren anderen Freunden hat sie mich schlecht geredet. Meine Freunde hat sie mir teils weggenommen.
Doch sie war wie ein Chamäleon. Sie konnte das alles vor mir immer gut verstecken und die Version von sich vorspielen, die ich mir damals gewünscht habe.
Wir haben so viel unternommen. Wir haben über Jungs reden können und gelästert und ganz ungezwungen Bilder gemacht.
Und deswegen habe ich sie so geliebt, als meine beste

Freundin.

Weil ich ihre Intrigen über die Jahre nicht einsehen wollte.

Weil ich sonst niemanden hatte.

Weil sie das zu sein schien, was ich in einer besten Freundin immer haben wollte.

Weil sie immer zu mir kam und mir meine tiefsten Gefühle entlockte, um diese bei Gelegenheit gegen mich zu verwenden und mich zu verletzen.

Es ist nicht mal so lange her, dass ich endlich begriffen habe, dass auch sie mich über die Jahre zerstört hat.

Und wie ich über diese falsche, scheinbar wichtige Freundschaft geweint habe.

Aber der Schein trügt.

Ich habe keine beste Freundin und auch keinen besten Freund.

Und es gibt auch niemanden, der mich als seine beste Freundin ansieht.

Klar, es ist ja auch eine Zumutung.

Meine erste beste Freundin hat dazu beigetragen, dass mein Selbstvertrauen da ist wo es jetzt ist.

Seit dieser Freundschaft kann ich ohne eine Bezugsperson, an der ich mich unbewusst festhalten kann, nicht mehr aus mir herauskommen.

Meine frühere Therapeutin sagte dazu, ich hätte das Verhalten eines Kleinkindes, dass sich ohne seinen Teddy nicht wohlfühlt und ohne ihn nirgendwo hingehen kann.

(Denkt euch an dieser Stelle irgendeinen Namen x aus.)
Ich habe immer deine Fehler akzeptiert, wobei ich es
nicht hätte machen müssen.

Ich habe immer ein offenes Ohr für dich gehabt, gab
dir all meine Kraft und war für dich da, in schweren
Zeiten.

Du hast es nur in Sekunden, alles vergessen und
ausgeblendet, mich wie Dreck behandelt, als ob ich eine
fremde Person für dich bin, als ob diese ganze Zeit,
indem ich meine Loyalität und treue für dich
ausgegeben habe, nie existiert haben.

Ich realisiere erst jetzt, dass ich durch dich, mich wieder
zurückgefunden habe.

Danke dir für diese Erfahrung und jetzt sag ich
Lebwohl zu meiner Vergangenheit mit dir und starte ein
neues Kapitel ohne dich.

Ein einfacher Freund hat Dich noch nie weinen hören.
Ein wahrer Freund hat Schultern, die von Deinen
Tränen durchnässt sind Ein einfacher Freund kennt
nicht die Vornamen Deiner Eltern.
Ein wahrer Freund hat ihre Telefon-Nummern in
seinem Adressbuch.
Ein einfacher Freund bringt eine Flasche Wein zu
Deiner Party mit.
Ein wahrer Freund kommt früher, um Dir beim
Kochen zu helfen und bleibt lange, um Dich beim
Aufräumen zu unterstützen.
Ein einfacher Freund hasst es, wenn Du ihn anrufst,
nachdem er ins Bett gegangen ist.
Ein wahrer Freund fragt Dich, warum Du erst so spät
anrufst.
Ein einfacher Freund versucht mit Dir über Deine
Probleme zu reden.
Ein wahrer Freund versucht Dir bei Deinen Problemen
zu helfen.
Ein einfacher Freund macht sich Gedanken über Deine
romantische Vergangenheit.
Ein wahrer Freund könnte Dich damit erpressen.
Ein einfacher Freund verhält sich wie ein Gast, wenn er
Dich besucht.
Ein wahrer Freund öffnet Deinen Kühlschrank und
bedient sich.
Ein einfacher Freund glaubt, Eure Freundschaft ist
nach einem Streit beendet. Ein wahrer Freund weiß,
dass es keine Freundschaft gibt, solange man keinen
Kampf gehabt habt.
Ein einfacher Freund erwartet, dass Du immer für ihn
da bist.
Ein wahrer Freund ist immer für Dich da.

Ich weiss nicht wieso

Wenn ich liebe dann liebe ich so intensiv, dass jedes
Molekül meines Körpers es spürt.
Jedes Mal, wenn er mich berührt.
Wenn ich jemanden liebe dann sprengt es alle
Grenzen.
Wobei es so gesehen keine Grenzen gibt.
Für diese liebe will ich brennen.
Ich will loyal und selbstlos sein, ich will die Frau sein,
auf die man stolz zeigen kann.
Nicht eine für die man sich schämt, keine Notlösung.
Ich bin der Meinung, dass es echte Liebe gibt, und dass
es diese nur einmal und nur bei dieser einen Person gibt.
Liebe ist nicht ein mainstreamer Begriff für eine
Zweisamkeit die eigentlich Freundschaft plus heißt, nein
die Liebe hat etwas viel Tieferes.

Es bedeutet so viel mehr.
Und wenn es Liebe ist, hört sie nicht einfach auf.
Egal was in die Wege kommen mag, es hört nicht auf.
Die Bindung bleibt auf alle Zeit bestehen.
Ich kann und will nicht anders sein,
denn das ist das was ich unter Liebe verstehe. Man steht
füreinander ein, man hat die höchste Priorität, man
vertraut sich blind.

Und ich habe diese Herzklopfen.
Bei jeder Nachricht von dir, nachdem länger keine
kam.
Es könnte ja was passiert sein.
Natürlich sagst du immer, dass dir schon nichts

passieren würde und so naiv wie ich bin vertraue ich
darauf, weil ich alles andere nicht aushalten würde.
Der Gedanke dir könnte etwas zustoßen zerreißt mir
das Herz.

Vielleicht muss ich mir diese Gedanken nicht machen
aber hey, sie sind da und das Leben ist unberechenbar.
Morgen kann alles vorbei sein.

Darum, wenn ich dir sage, dass ich dich liebe, dann
solltest du dir das intensivste positive Gefühl, dass du
kennst vorstellen und das fühle ich konstant, wenn ich
dich sehe, dich küsse, du mich in den Arm nimmst oder
mir nur aufmerksam zuhörst.

Ich weiß nicht, wieso ich alles so intensiv überdenke
und fühle und nicht wie die anderen an der Oberfläche
treibe und das Leben einfach so hinnehmen kann.

Manchmal versuche ich es mir
einzureden und wenn ich einen halbwegs guten Tag
hatte, klappt es ganz gut.
Aber es gibt nun einmal diese Abende an denen dieser
eine Film, dieses eine Buch oder das eine Lied das
emotionale in mir hervorheben.

Und das ist okay so, denn das heißt ich bin lebendig
und habe eine Seele die fähig ist zu fühlen.

Hier ein paar Zitate, die ich eventuell bei Tumblr entdeckt habe und an dieser Stelle zitieren möchte, da ich sie euch ans Herz legen möchte:

„Manchmal hat man so viel auf dem Herzen, dass man es gar nicht über die Lippen bringen kann. Das sind dann meistens die Momente, in denen man nichts sagt, obwohl es eigentlich so viel zu sagen gibt."

„Fakt ist: Wenn Mädchen alleine sind, denken sie viel zu viel nach."

„Nachtluft, ein gutes Gespräch und ein Himmel voller Sterne können beinah jede Wunde heilen."

„Ich habe so verdammt Angst vor dem Verlassen werden, dass ich niemanden mehr kennenlernen will"

Die Geschichten anderer

Jeder von uns hat so seine Geschichte, die er jemandem erzählt, wenn man sich nah genug steht.
Auch ich habe meine Geschichte.
Aber ich lasse diese Geschichten so nah an mich ran.
Sehr nah.
So nah, dass ich beginne zu glauben, es sei meine eigene.
Und dann fange ich an nachzudenken und die Gefühle der anderen zu fühlen, fast mehr als meine eigenen.

Ich finde das nicht schlecht, dass ich mich so mitnehmen lasse, denn das wünsche ich mir von den anderen auch, die ich in mein Leben gelassen habe.
Aber das macht es mir sehr schwer meinen Alltag zu meistern.

Und eigentlich ist das auch ein Widerspruch meiner selbst.
Denn wer mich kennt, der weiß, dass ich nur selten Gefühle wirklich zeige.
Man könnte behaupten, ich wäre ein kaltes Stück etwas.

Aber insgeheim fühle ich sehr viel und vor allem fühle ich mit.

Ich möchte immer *tough* wirken, ich möchte nicht dieses zerbrechliche Mädchen sein, dem man nichts erzählen kann. Jemand hat mir gesagt, dass ich dabei arrogant

wirke.
Das ist nicht das was ich möchte.

Was ich wirklich möchte ist ein Anhaltspunkt für meine
Freunde zu sein.
Ich möchte, dass mich jemand braucht.
Dass ich jemandem die Kraft geben kann, die ich jeden
Tag brauche, um aufzustehen.

Andererseits möchte ich auch gar nicht mehr stark
wirken. Ich bin es nicht.
Ich brauche etwas, das den Leuten sagt sie kann jetzt
nicht mehr, das ist die Grenze und jetzt reicht es und es
ist okay so.
Denn es reicht nicht, wenn ich es für mich selbst denke.

Manchmal komme ich mir selbst aufgedreht vor, im
positiven Sinne. Aber das ist nur der hormonelle
Ausgleich, den mein Körper macht, weil ich an allen
anderen Tagen schlecht gelaunt bin.
Für mich ist das ein Zeichen dafür, dass ich dringend
raus muss aus diesem elenden Teufelskreis.

Sie werden immer denken, dass mich alles Schlechte
dieser Welt nur stark machen wird, doch im Gegenteil,
es schwächt mich ab und ich habe Angst meine
Persönlichkeit in dieser Welt zu verlieren.

Ich bin noch immer nicht die Tochter, die ihr euch
wünscht.

Und noch immer nicht die Schülerin, die von den Lehrern gemocht wird und gute Noten schreibt.
Und auch nicht die Freundin, für die man alles geben würde.
Und schon gar nicht der Mensch, an den sich diese Welt erinnern wird.

Weil heute der Tag ist

Er mag solche kitschigen Worte nicht.
Wie Jungs eben sind, sie möchten ihre harte Schale nur
ungerne verlassen.
Dabei hätte ich ihm so viel zu sagen. Wir sind heute
zwei Monate zusammen, was auf den ersten Blick nicht
lange ist, aber es kommt mir so sehr lange
vor. Normalerweise würde man in so einer kurzen Zeit
nicht so viel Vertrauen und schon gar keine Liebe
entwickeln.
Aber genau das ist passiert. Bei all dem Negativen, dass
ich über diese Welt zu sagen habe, bist du das Schöne
an dieser Welt.

Du kennst mich.

Du weißt was in mir vorgeht, meistens.
Und du weißt, wie ich denke.
Du weißt auch, dass ich gut und gerne viel und viel
Schlechtes denke.
Und ich will mich bei dir bedanken.

Dafür, dass du das über dich ergehen lässt.

Dafür, dass du versuchst mich da rauszuholen.

Dafür, dass du mich ernst nimmst.
Dafür, dass du mich liebst, wie ich bin.
Dafür, dass du mir Kraft gibst.
Dafür, dass du mich nicht allein lässt.

Dafür, dass du du bist.
Dafür, dass du mich zum Lachen bringst.
Und für so vieles mehr.

Ich liebe dich.
20/09/18 - 20/11/18

Warum sind wir manchmal unglücklich, obwohl wir alles haben, was wir brauchen?

Diese Frage wird mich nie in Ruhe lassen. Sind es Depressionen? Oder ist das das Gefühl, das der Mensch hat, weil er nicht zu sättigen ist? Weil er einfach nicht zufrieden sein kann? Ich habe schon so viel geschafft. Wie oft dachte ich, ein weiteres Jahr packe ich nicht mehr und jetzt bin ich schon fast 18 Jahre alt.

Irgendwie schlagen wir uns doch alle durch. Tag für Tag. Wie eintönig das auch sein mag, wie depressiv die Tage manchmal auch sind, danach werden Momente - und vielleicht sogar ganze Jahre folgen, für die es sich lohnen wird.

Es wird sich lohnen, wie oft man zurückgesteckt hat, damit ein anderer glücklich wird. Es wird sich lohnen, wie oft man hat auf sich trampeln lassen, weil dich keiner geschätzt hat.

Es wird sich lohnen, wie oft man jemandem so viel Liebe geschenkt hat, der es nicht einmal verstanden hat. Vor Allem aber wird es sich lohnen, dass man sich jeden Morgen aufs Neue aus dem Bett gezerrt hat, nur um wieder und wieder dasselbe durchzumachen.

Ich bin gefangen an einem Ort, wo ich keine neuen Chancen bekomme. Ich kann nicht von neu anfangen.

Ich wurde in eine Schublade gesteckt und da bleibe ich jetzt, bis ich keine Rolle mehr spiele. Und deswegen freue ich mich so sehr, dass die Q1 ein für alle Mal mein letztes Schuljahr ist.

Nie wieder muss ich diesen Ort sehen, mit dem ich so viel Negatives verbinde. Vor Allem aber muss ich (den Namen x den ihr euch ausgesucht habt) nicht mehr sehen, die mein Ego jeden Tag aufs Neue runterstuft und das Jahr für Jahr.

Deswegen bin ich so unfassbar froh, dass das endlich vorbei sein wird. Ich bekomme meinen Neuanfang und kann neue Menschen kennen lernen und ihnen zeigen, dass ich eben nicht so bin, wie es in der Schule rübergekommen ist. Weil ich eben nicht nur die stille, unscheinbare bin. Weil ich eben nicht mehr die sein will, die gute Ideen hat und es andere präsentieren lässt.

Weil sich all der Leid, den wir auf uns nehmen, irgendwann auszahlen muss. Wir sollten alle einfach so leben, dass wir uns selbst mehr von den schönen Momenten ermöglichen.

Wir sollten mehr Liebe zulassen, mehr Liebe geben, als zu erwarten.

Anstatt uns Techno anzuhören, sollten wir die echte Musik schätzen. Wobei man hier darüber diskutieren kann, was echte Musik ist.

Weniger Neid und mehr Mitgefühl.

Weniger Gier und mehr Bescheidenheit.

Wir sollten uns öfter zurücklehnen und entspannen.

Uns öfter mal vor Augen führen, dass wir Seelen in uns tragen. Wir sind keine Maschinen.

Weil das Leben ja sonst einfach keinen Sinn hat.

Dezembergedanken

Ganz ehrlich, die meiste Zeit tu ich nur so, als würde es
mir nichts ausmachen so wenig zu schlafen, so viel zu
denken und so viel mehr zu lieben als ihr.

Ich verhalte mich wie eine rationale Maschine, weil ihr
es nicht anders wollt. Und selbst, wenn ich mich nicht
so verhalten würde, es würde nicht auffallen.

Wen kümmert es?

Wer bin ich schon?

Warum ich nachts nicht schlafen kann, möchte das
jemand wissen? Wieso kränkt mich jede Kritik, obwohl
ich weiß es ist harmlos?
Die Tatsache, dass ich es liebe mir traurige Musik
anzuhören und Filme zu schauen, damit ich endlich
weinen kann.
Mein Gefühl für Sprache und das Schreiben, Gedichte
und Gefühlsduselei.

Interessiert das wen von Herzen?
Wer ist wirklich interessiert an mir?
Oder bin ich doch ganz allein für mich?
Seid ihr zu beschäftigt mit eurem eigenen Leben?

So blöd es auch klingt, ich habe mehr und mehr das
Gefühl, für niemanden eine wirkliche Priorität zu sein.

Wir sind zu beschäftigt mit dem Leben an der Oberfläche und wenn wir untergehen, kriegen wir es nicht einmal selbst mit.

Menschen sterben.

Es sterben Menschen.
Menschen sterben einfach so.
Wir weinen einen Moment.
Danach leben wir einfach so weiter.
Einfach so.
Tage später werden wir uns schon wieder amüsierend
an einem Glas Wodka wiederfinden.
Vergessen wir sie wirklich so schnell?
Das ist Wunschdenken.
Ich habe letztens eine Frage gesehen: „Bist du wirklich
glücklich oder nur abgelenkt?"
Wir lenken uns ab.
Wir lenken uns ab, weil wir den Verlust mancher
Menschen nicht ertragen können.

Wir machen es uns selber leicht.
Ist das fair?

Würdest du wollen, dass jemand so mit deinem Tod
umgeht, als wäre es nichts weiter als eine schlechte Note
einer wichtigen Klausur?
Mund abwischen und weiter machen.

Oft ist das sinnvoll.

Aber ist das wirklich okay, wenn jemand stirbt?
Jemand, den du liebst?

Und ich frage das bewusst in der Jetzt- Form, weil Liebe
über das Lebendige hinaus geht.

Ich behaupte nicht, dass ich möchte, dass jemand in einer Krise versinkt, wenn ich nicht mehr bin.
Aber ein paar schlaflose Nächte mit ehrlichen Tränen haben noch nie ernsthaft geschadet.
Im Gegenteil.
Sie zeigen Bedeutung und rüsten einen für das Leben.
Dann kann man anderen, die es im Leben leichter haben sagen: Ja, diesen Nächten habe ich schon einmal ins Auge geblickt.
Und wenn man nach dem Tod wirklich noch mitkriegt, was im Leben der Verbliebenen so vor sich geht, dann würde ich wirklich gerne sehen, dass ich vermisst werde, dass ich Menschen wirklich etwas bedeutet habe.
So sitze ich jetzt nachts um 02:50 Uhr auf meinem Bett Oma, und frage mich ob du das siehst.

Ob du das fühlen kannst, dass ich bereue keine bessere Enkelin gewesen zu sein, als du es schwer hattest.

Fühlst du das? Wie der Schmerz dich dort zu sehen auf mich einprallte wie eine magische Gewalt, wie eine Kraft, die mich niederschlug.
Ich habe es so satt Menschen zu verlieren, die ich liebe.

Egal auf welche Art und Weise.
Rückgängig machen kann man im Leben überhaupt nichts.
Es wird noch viele Tote geben, die ich ertragen muss.

Meine größte Angst bleibt aber die, dass ich eines Tages den Tod meines zukünftigen Mannes miterleben muss.
Dann werden meine Eltern wohl schon verstorben sein.

Geschwister habe ich keine.
Ich würde alleine sein und es ganz sicher nicht
überleben.
Mit diesem recht düsteren Gedanken wünsche ich einen
guten Rutsch, denn wir haben bald Silvester.

Ich dachte das wird mein Jahr.
Aber du hast den Strich durch die Rechnung gezogen.
Du hast mich allein gelassen.
Einfach so aufgehört ein Team zu sein.
Wochen hast du mir ins Gesicht gelogen und so getan
als wäre nichts und es ist mir nicht einmal aufgefallen.
Du sagst, es liegt nicht an mir, dass du dich unwohl
fühlst.
Aber warum gehst du dann von mir weg?
Wenn dein Unwohlsein angeblich unabhängig von mir
ist?

Ich weiß nicht was ich tun oder denken soll.

Mir wurde wieder das Herz aus der Brust gerissen aber
diesmal mit einem stärkeren Druck. Ich spüre mein
Herz immer weiter brechen.

Du kannst mir nicht sagen was an der Beziehung dich so fühlen lässt. Aber du meinst mich dennoch zu lieben.

Das ergibt für mich keinen Sinn.
Wer liebt, tut alles dafür, dass es funktioniert, koste es was es wolle. Wie ich das tun würde. Ich zweifle langsam daran, dass du weißt was wahre Liebe ist.

Es bedeutet, dass man lieber selbst leidet, als dass der andere es tut.

Siehe da, jetzt bin ich die, die leidet.
Ich habe von Anfang an viel mehr für dich gefühlt als du für mich. So viel stand fest.
Ich konnte mir Zukunft vorstellen, du hattest eher Angst davor. Ich habe mich so sehr auf alles gefreut, dieses Jahr, mein Geburtstag, ein gemeinsamer Urlaub wäre toll gewesen aber all die Freude ging mit Dir.

Ich fühle mich, als würde mir die Decke auf den Kopf fallen. Ich weine, bei jeder Erinnerung, die ich mit dir habe. Alles tut weh.
Ich möchte schreien, mein Zimmer verwüsten und alles hinschmeißen.
Ich kann meine Enttäuschung gar nicht ausdrücken.

Auf einer Skala von 0-10 ist das definitiv eine 15.

Es tut so weh. Erst ging meine Oma, und jetzt lässt du mich auch alleine stehen.

Wie soll ich denn bei all dem noch 18 werden?
Wie soll ich morgens aufstehen, mit dem Gedanken, ja
es ist wirklich passiert, dein Traum ist geplatzt und
eigentlich stehst du für nichts auf, als traurig zu sein.

Ich bin wütend und traurig darüber, dass ich wieder
alles gegeben habe, um das 5-fache verletzt zu werden.
Ich sagte, noch so einen Verlust ertrage ich nicht.

Es stimmt, ich habe große Schwierigkeiten und es sind
kaum ein paar Stunden vergangen.
So sehr mir dieser Junge den Lebenswillen gegeben hat,
genau so hat er ihn mir entrissen.
Aber ich bin hier, weil ich ihn liebe.

5 Tage vor meinem Geburtstag – es ist jetzt 6 Tage her.

Fast eine Woche sind wir getrennt.
Ich habe das Gefühl man hätte mir etwas weg amputiert.
Die Liebe, die ich für dich habe, zerreißt mich zurzeit in Millionen kleine Atome.
Ich vermisse dich wahnsinnig.
Wenn ich mein Portemonnaie öffne, um etwas zu bezahlen, sehe ich immer das Bild von dir, um das ich dich mal gebeten habe.
Ich werde es auch da sein lassen.
Du bist zwar nicht mehr mein Notfallkontakt und ich folge dir nicht mehr auf Instagram oder Tellonym, weil ich es nicht ertragen kann dich zu sehen, wie du mit anderen so offen über unsere Trennung kommunizierst, als wäre es dir total gleichgültig was das für mich bedeutet.

Aber meine Liebe für dich wird noch eine große Weile bleiben. Ich weiß nicht, ob ich sagen sollte sie bleibt für immer, denn bisher blieb keine, aber ich liebe dich so intensiv, dass man es aus dem Jenseits noch Spuren könnte.
Genau so intensiv ist mein Schmerz, den ich jeden Tag aufs Neue ertragen muss.

Es brüht mich so ab, dass ich bald nichts mehr fühle und wieder da ankomme, wo ich war bevor ich dich kannte, eiskalt und verletzt.

Ich habe gesagt ich will keinen Menschen mehr
verlieren, es ist trotzdem passiert.
Meine größte Angst ist eingetreten und ich habe dich
verloren. Der, von dem ich dachte, dass er der jenige für
mich sei der bleiben würde, der sein Leben mit mir
verbringt und bei dem ich zur Ruhe kommen kann, weil
wir füreinander bestimmt sind.
Kein Wunder, dass ich das dachte, es war ja auch so.

Wir pass(t)en zusammen wie „Arsch auf Eimer".
Aber diese Blase hast du gesprengt und ich kann mir bei
Gott nicht erklären wieso. Du warst eifersüchtig.

Du sagtest „so schnell haust du mir nicht ab".

Du sagtest so viele tolle Dinge zu mir, die mein Herz
und meine Seele in deinen Bann gezogen haben.
Genau wie unsere etwas tiefgründigen Gespräche, du
hast mir zugehört und mir Halt gegeben.
Du hast mein Herz wieder ganz gemacht.
Und vor 6 Tagen hast du all das erneut in Stücke
gerissen, ich glaube es immer noch nicht.

Ich glaube immer noch daran, dass du zur Vernunft
kommst, weil du mich liebst und mir sagst, wie dumm
das alles von dir war, wie dumm es war mich
wegzuschicken. Und wie sehr du darunter gelitten
haben würdest. Aber das passiert nicht.
Ich liebe, leide und du vergisst und lebst.

Ein paar Monate später.

Dass das wirklich passiert habe ich echt nicht gedacht.
Ganz komisch. Aber es scheint, als würden wir es
nochmal versuchen und es besser machen.
Und es fühlt sich an als wäre ich wieder frisch in ihn
verliebt wobei es jetzt 4 Monate sind.
Wir waren nur zwei Wochen getrennt aber der Kuss
nach dieser Zeit hat mir Gänsehaut gemacht.
Jede Berührung fühlt sich jetzt noch intensiver an, so
unter Strom und ich will nicht, dass es aufhört.
So sehnsüchtig.
Ich habe Angst mich darüber zu freuen, weil ich nicht
weiß, wie lange das bleibt. Aber doch freue ich mich
und ich denke das steht mir auch zu, weil ich mir nichts
mehr gewünscht habe, als dass das passiert.
Ich liebe ihn und mir ist egal was die anderen über ihn
erzählen, entweder weil ich die Dinge nicht glauben will
oder weil ich ihn (hoffentlich) besser kenne als die
anderen.
Es macht mich trotzdem wütend, wie schlecht die
Dinge teilweise sind.
Ich würde ihn immer rechtfertigen.
In einer Beziehung oder nicht ich wäre die die sagen
wird, wie gut er war und ist, auch wenn er mich sehr
verletzt hat.
Ich würde immer einen Weg finden ihn zu verstehen.

Es ist naiv von mir zu glauben, dass er es ernst meint
aber um mich selbst zu rechtfertigen, dass ich uns diese
Chance gebe: Jeder macht Fehler und diese
Kurzschlussreaktion war ein Fehler.

Aber wer sich lieben und streiten kann, der kann auch
verzeihen.
Und dann darf man nicht sagen, dieser eine Fehler war
einer zu viel.

Ich habe es noch gar nicht richtig realisiert, dass es
wirklich wieder ein wir gibt. Genauso, wie ich nicht
realisieren konnte, dass es aus war.

Aber ich habe ihn gehen lassen müssen und er wollte
zurück.
Das zählt jetzt für mich.
Wir haben in den Wochen beide gemerkt, wie sehr wir
einander fehlen also hatte es auch etwas Gutes.
Vielleicht haben wir das gebraucht, um zu lernen, wie
wir weiter machen können und uns gegenseitig wieder
mehr liebe zeigen.

Wo wir wieder zusammen sind merke ich wieder wie
meine Stärke, die nach unserer Trennung weg war,
wiederkommt.

Ich glaube sogar, dass ich ihn jetzt noch mehr liebe als
davor.
Er hat mir einfach so gefehlt.
Wie er mich zum Lachen bringt, wie er mich berührt,
mich ansieht.
Sein Geruch, seine Haare, wie er mich fühlen lässt und
mit mir umgeht.
Ich wüsste wirklich nicht, wie ich jemand anderes lieben
sollte.

Ich habe einfach keine Worte dafür, wie froh ich darüber bin, dass es so gekommen ist.

Nicht schon wieder

Wie kann man nur so voller Frust und Hass sein?
Ich solle mal in eine Richtung gut werden, wenn ich
schon schlecht in der Schule sei, solle ich doch noch
mehr im Haushalt machen.

Ich zweifle selbst schon genug an mir, da ist meine
Mutter nicht gerade bestärkend. Ich habe mich für sie
eingesetzt und einen Artikel an WDR geschrieben, zum
Thema „Jammern wir zu viel oder arbeiten wir uns
krank", durch den wir zu der Live Talkshow eingeladen
wurden.
Doch diese Chance tritt Sie nun mit Füßen, aus Angst
vor den Konsequenzen. Ich habe es versucht.
Ich versuche es immer wieder ihr auf meine Art etwas
für all die Jahre, die ich unter ihrem Dach lebe, zurück
zu geben.
Aber sie sieht es nicht, es nützt ihr nichts.

Ich lasse mich dennoch nicht darauf ein mich derart
von meiner Mutter vorführen zu lassen, nach all den
Strapazen, die ich hatte, um dahin zu kommen, wo ich
jetzt tatsächlich bin und wo ich noch hinwill.
Mein Vater sitzt natürlich daneben und sagt mal wieder
nichts dazu. Welche Mutter nimmt ihrem Kind das
Selbstvertrauen weg? Und welcher Vater setzt sich nicht
für seine Tochter ein?
Da kann man nur den Kopf schütteln.

Bin denn ich die Einzige die älter geworden ist?

25.02.19 // 00:43

Gedanken kreisen in meinem Kopf.

Eigentlich ist alles ganz gut und ich bekomme mein
Leben langsam auf die Reihe, aber irgendwie geht es mir
gerade in dieser Nacht schlecht.

Ich habe das Gefühl Geräusche gehört zu haben, so als
würde jemand einbrechen.

Ich habe für einen kurzen Moment echte Panik
bekommen, weil ich alleine in diesem Zimmer bin.
Dann ist mir eingefallen, echte Einbrecher würden
keine extra-lauten Geräusche von sich geben.
Ich wollte mich umdrehen und schlafen, weil ich in die
Schule muss und es schon spät ist, aber ich habe
plötzlich Angst.

Ich habe Angst vor dem alleine sein.
Wenn ich schlecht träume ist es genau so, ich wache
dann mit hohem Puls auf und manchmal
schweißgebadet.
Ich möchte dann einfach nur meinen Freund neben mir
liegen haben, damit ich mich wieder sicher fühle.
Damit ich mich dicht an ihn drücken kann, um mich zu
beruhigen.

Wenn ich länger nicht bei ihm war, merke ich wie sehr
ich seine Anwesenheit brauche und genieße.
Er ist mir ein Ort, an dem ich mich wohl fühle.

Wenn ich bei ihm bin und seine Wärme fühle, geht es mir sofort gut.
Ich vergesse alles um mich herum, was war und was ist, ich genieße einfach den Moment, wünsche mir, dass er nie aufhört.

Diese Welt ist mysteriös.

Wir hängen Traumfänger an die Wände und trotzdem haben wir schlechte Träume, die uns Angst machen.
Wir haben unseren Freunden Freundebücher oder Freundschaftsbänder gegeben und manche von Ihnen haben uns trotzdem verlassen.
Und manche besuchen eine katholische Schule und verlieren dann den Glauben an Gott oder sowas.

Was ich sagen will ist, dass der Mensch glaubt für alles die eine Lösung zu haben.
So funktioniert es nicht. Es kann in einem Zusammenleben von Menschen mit Emotionen und Seele kein Schubladen-Ordnungssystem für jede Situation geben können.
Das ist ein Widerspruch in sich.

Warum? Weil es dann bedeuten würde, dass jede Situation, jedes Gefühl einzeln überprüft werden müsste und jedes von Ihnen seine eigene Schublade verdient.
Es gibt keine Bedienungsanleitung für das Leben.

Was denkt der Mensch sich nur dabei?

Denkt er, er kann das zufällige, mysteriöse Leben überlisten?

28.02.2019

Keine Sorge, mir geht es gut. Mir gehen nur wieder so viele Gedanken durch den Kopf. Es tut mir leid, dass du meinen 18. Geburtstag verpasst hast.

Sonst hättest du sicher, wie jedes Jahr angerufen.

Morgen hättest du Geburtstag gehabt und ich habe nie daran gedacht dich anzurufen, aber jetzt tue ich es, aber es ist dafür zu spät. Du gerätst nicht in Vergessenheit, Oma. Wir denken alle an dich.

Das hast du auch den Ringen zu verdanken, die du hinterlassen hast. Sie sind so schön. Besonders der silberne, den du so oft getragen hast. Ich hoffe, dass er mir bald passen wird und wenn nicht, dann lasse ich ihn abändern.

Mir geht es wirklich gut. Die Sonne scheint und es ist warm. Mit meinem Freund läuft es wieder richtig gut, die Tage in der Schule werden immer weniger.

Meinen Führerschein habe ich auch bald. Es ist alles so gut. Da bekomme ich es schon wieder mit der Angst zu tun, wann denn die nächste Bombe kommt, die meine Blase zersprengen wird.

Das ist der Kreislauf des Lebens. Lange ist alles gut, dann passiert etwas Schlechtes und man wird wieder in ein Tief gezogen, aus dem man so schnell nicht mehr rausfindet. Aber man findet raus, immer.

Es ist jetzt 01:09 Uhr nachts und es ist schon Weiberfastnacht. Gedanklich bin ich schon in London. Ich freue mich auf eine neue Umgebung.

Während andere ihre Sorgen im Alkohol ertränken, weil sie als Deckung den Karneval ausnutzen, werde ich in Ruhe zu mir finden können und mich entspannen.

Ich finde eine Reise ist tausendmal wertvoller als alles andere.

Das Einzige, das noch wertvoller ist, ist die Liebe.

Ich liebe meinen Freund und ich werde ihn wirklich vermissen, auch wenn ich nur für eine Woche weg sein werde. Und ich musste nicht einmal in einem anderen Land sein, damit wir uns wochenlang nicht sehen konnten.

Wir werden es überstehen.

Und vielleicht bringe ich ihm ja etwas mit, worüber er sich freuen kann.

Er soll wissen, dass egal wo ich bin, was ich tue, ich immer an ihn denke. Er soll wissen, dass er mich sehr glücklich macht.

Was wir tun, für unsere Liebsten

Ich bin ein Mädchen, auf das man sich verlassen kann. Ja wirklich.

Mein Partner wird immer meine 100%ige Loyalität haben. Denn ich gehe nicht in Clubs, ich bringe meine Gesundheit nicht in Gefahr, ich treffe keine Jungs ohne weitere Begleitung, wenn ich mir sicher bin, es gibt jemanden auf den ich mich voll und ganz stützen kann und dem ich vertraue.

Ich mache mir in letzter Zeit sehr viele Gedanken darüber, wie ich zu den Menschen bin, die ich liebe und wie sie im Gegenzug zu mir sind. Egal ob Beziehung oder Freundschaft. Ich mache mir immer Sorgen um sie alle. Selbst wenn ich nur für ein paar Stunden nichts von der Person höre, nicht weiß was ich falsch gemacht habe oder was allgemein das Problem ist und wie ich es lösen kann.

Für die Menschen gebe ich alles was ich habe, weil ihr Platz in meinem Herzen verankert ist. Ich kann es nicht anders, auch wenn ich weiß, ich kriege diese Art von Loyalität vielleicht nie zurück. Aber deswegen nennt man es Liebe, oder?

Freundschaftliche oder familiäre oder die in einer Beziehung. Ganz egal.

Ohne Gegenleistung vorauszusetzen gibt man ihnen
sein ganzes Herz. Man offenbart sich und zeigt alle
erdenklichen Schwächen. Man würde nackt auf einem
Präsentierteller liegen, umgeben von Beilagen, die dem
Gegenüber gefallen würden.

Alles, für die Liebe.

Ich habe meinen Führerschein bestanden.
An selben Tag habe ich mein neues Fahrrad gekauft,
mit dem ich dann einen Unfall hatte.
Ein Mann hat mir die Vorfahrt genommen und mich
angefahren, wobei das schlimmer klingt als es war.

Es hätte aber durchaus schlimmer sein können.
Wäre er schneller gewesen dann sähe es jetzt bestimmt
schlecht aus für mich.
Das war ein schlimmer und sehr schöner Tag zugleich.
Ich freue mich so unendlich über meinen Führerschein.
Aber noch am selben Tag sprach ich mit meiner Mutter
darüber, dass noch etwas passieren müsste was die
Freude wieder ausgleicht, wie eine Waage. Und schon
wurde es ein nicht mehr so schöner Tag.
So etwas ist mir noch nie passiert.
Jetzt werde ich immer drei Mal nachsehen ob sich auch
wirklich alle außer mir an die Vorschriften halten.
Und das, wo mein Fahrlehrer mir immer sagte, ich
mache mir zu viele Gedanken und fahre zu vorsichtig.

Was will man mir damit sagen? Wenn es gefährlich wird, sich an die Regeln zu halten, dann ist doch schon irgendwas schief gelaufen mit uns. Man darf nicht eine Sekunde verträumt sein, wenn man im Verkehr ist, in dem es um Leben geht.
Die Menschheit ist durch und durch verdorben, in jeder Hinsicht (mit wenigen Ausnahmen, die es nicht sind).

Aber langsam ist es mir auch zu anstrengend mich immer und immer weiter darüber aufzuregen und der Wille sie zu ändern auch. Sollen sie doch.
Aber ich bin anders. Ich bin nicht verdorben, in jeder Hinsicht. Wahrscheinlich bin ich deshalb so ein geborener Einzelgänger,
weil ich noch weiß was richtig ist, was treue, Gerechtigkeit und Loyalität ist.
Weil ich lieber selbst einstecke, statt andere mit reinzuziehen in meine Scheiße.
Weil ich lieber meinen Mund halte, als für Aufregung zu sorgen, für die ich mich wieder rechtfertigen muss.
Weil ich mir nie zu schade bin, für andere die Energie aufzubringen, die ich dringend benötige. Das würden die wenigsten für mich opfern.

Die „soziale Marktwirtschaft"

Habe ich schon mal erwähnt, dass die Gesellschaft sich gegenseitig kaputt macht?
Die deutsche Politik interessiert sich nur für ihr Kapital aber dennoch behauptet sie, sie würde sich um Bedürftige kümmern und ihnen den Weg zum Erfolg erleichtern.

Das passt nicht zusammen.

Wenn Menschen zum Beispiel ALG 2 (Hartz IV) beantragen, geht es Ihnen im Nachhinein noch schlechter als vorher, weil sie unter sozialer Ausgrenzung leiden und trotz allem unter schlechten Bedingungen leben müssen.

Was läuft nur schief, in unserem reichen Deutschland?

Der Klimaschutz ist ein Thema, das jetzt sehr heiß gekocht wird und das was als erstes abgehakt werden muss, wenn unsere Kinder eine Chance auf diesem Planeten wahrnehmen sollen.
Warum werden nicht die Änderungen vorgenommen, die die Welt retten werden?
Ist doch egal wieviel Budget für was eingeteilt ist, wenn die Welt „unter geht" ist es das eingesparte Geld auch nicht mehr wert.

In Deutschland läuft so vieles schief.
Wir sind zu konservativ und dennoch zu modern
geworden.

Deutschland schafft es kommerziell standzuhalten und
die Umwelt zu schädigen aber schafft es nicht die
Pflegeberufe oder generell unbeliebte Berufe zu
unterstützen.
Man bekommt nicht mehr so leicht überhaupt einen
Beruf ohne akademischen Abschluss. Und gleichzeitig
wird von Chancengleichheit gesprochen.
Das ist einfach nicht wahr.
Muss jetzt jeder sein Abitur machen und am besten ein
freiwilliges soziales Jahr und im Anschluss an einer
beliebten Uni studieren, um zu überleben?
Um nicht ausgestoßen zu werden wie die Menschen mit
ALG 2?
Was ist mit der hoch angepriesenen Chancengleichheit?

Es wäre alles so schön, würde jeder mit dem was er gut
kann, sich ein Leben ohne Ausgrenzung leisten können.
Aber das ist Wunschdenken.

Ich habe heute allen Ernstes allein Party gemacht.

Ich habe mir meine Disco Lichter aus dem Keller
geholt, 80er Partyhits laufen lassen und ein paar
Absacker getrunken.

Dann habe ich ein bisschen im Wohnzimmer einen auf
Club gemacht und getanzt und versucht meine Eltern

zu animieren. So ist das, wenn man in einem Dorf wohnt, wo keiner von den eigenen freunden wohnt.

Die wohnen alle mindestens 1 Dorf weiter.

Das hat mich so traurig gemacht, dass ich jetzt plötzlich weinend im Bett sitze. Ich weiß nicht was ich tun soll, wenn ich mal ein ganzes Wochenende so viel Freizeit habe und allein bin. Es ist ätzend niemanden in der Nähe zu haben und damit meine ich, wo man zu Fuß hingehen kann.

Man fühlt sich wie in einer Blase. Alle die nah aneinander wohnen machen ihr Ding und ich ziehe den Kürzeren, weil ich dann zusehen muss, wie ich nach Hause komme.

Ja, ich lebe in einem Dorf und demnach müsste ich genau jetzt mit meinen Freunden draußen Unsinn machen. Doch ich sitze in meinem Bett und fühle mich stattdessen sehr allein. Ich weiß nicht, wo ich hingehen soll, wenn ich allein bin und nicht allein sein will.

Das ist ein schreckliches Wochenende, an dem ich allein sein muss.

Erneuter Niederschlag

Schon wieder ist es passiert.

Das duale Studium im Unternehmen, in dem ich mich wie in einer Familie gefühlt hätte, kann mich nicht annehmen.
Wieder hat das Leben mir etwas weggenommen.
Ich war so fest davon überzeugt und jetzt dieser Schlag.
Alles wird mir nur noch entrissen.
Und die Traurigkeit und Frustration breitet sich mit voller Wucht in mir aus. Ich bin verzweifelt.
Ich habe keine Alternativen mehr. Entweder ich versuche etwas beim Bund zu finden und Beamtin zu werden oder ich muss meine Seele ein weiteres Jahr in der Schule foltern lassen nur um mein Abi zu bekommen, umgeben von Leuten die mich wie ein Organ abstoßen.
Reine Schikane.

Ich würde fast alles lieber machen als dort diesen Menschen entgegen zu treten, die mich daran erinnern, wie unsicher ich mich in meinem Wesen fühle. Wie ich es einfach verkackt habe zu zeigen was für eine gute Freundin ich sein kann, wenn ich mich öffne und so weiter.
Ich bin so ein fröhlicher Mensch, wenn ich nicht in der Schule bin oder nur irgendwie mit der Schule in Verbindung gebracht werde.
Ich erfreue mich an leckeren Getränken oder Mahlzeiten oder am Wetter.

An so vielen Dingen finde ich irgendwie Freude.
Nur nicht an der Schule, weil sie mich an meine
Einsamkeit erinnert.
Ich befinde mich fast immer in einem Raum voller doch
netter Menschen und bin doch einsam in mir gefangen.

Ich habe wirklich Spaß am Leben, aber die Schule
verdirbt mir alles.

Es ist nicht so, dass ich an meiner allgemeinen Fähigkeit
für ein Abi zweifle, ich mache mir Sorgen um meine
psychische Belastbarkeit.
Dieses ständige allein-sein in all den Jahren kann doch
nicht gesund sein.
Natürlich redet man hin und wieder einen Smalltalk,
aber das ist nun einmal nicht wirklich das, wodurch man
sich weniger unbedeutend fühlt.

Tag der Scherben

Es sind die Osterferien, die mir jetzt schlagartig sehr viel Zeit für mich verschaffen.

Gar nicht gut für mich und meinen Kopf.

Naja, ich bin vor Langeweile so gut wie am Verwesen, ich weiß aber noch nicht wie weit der Prozess schon fortgeschritten ist.

Stinken tue ich nicht, weil ich heute duschen war.

Meine Eltern müssen beide arbeiten, also bin ich lange alleine und das ist auch nicht schlimm.

Ich bin gerne alleine und schreibe mir To-do listen oder mache mir einen Spa-Tag mit face sheets und guter Musik. Heute habe ich alles von meiner Liste geschafft, außer das Workout.

Auch okay, ich esse ohnehin fast jeden Tag Pringles.

Was nicht okay war, war

dass ich, als ich die Küche aufgeräumt und die Spülmaschine ausgeleert habe, eine Schüssel und einen großen Pfannendeckel kaputt gemacht habe.

Der Deckel war schön und ich mochte ihn am liebsten.

Naja, aber ich hatte meine gute Laune von der Sonne aufgegriffen und vom gestrigen Abend aufgespart:

Mein Freund brachte mir unsere Lieblings-Redbullsorte und einen tollen Hoodie vorbei, der von innen noch nach ihm roch.

Für diese spontanen Einfälle liebe ich ihn so sehr, weil die mir unabhängig davon, wie der Rest des Tages ist oder war, ein Lächeln garantieren.

Das ist eine gute Alternative zu den roten Rosen, die sonst alle Mädchen bekommen.

Aber es geht um den Moment und das dazugehörige
Gefühl und es hat sich definitiv gelohnt.

Das war es wert.

Genau wie der Podcast, den ich heute entdeckt habe:
Das Leben macht Gin. Von Merlin S. Miller.
Er singt auch und hat schon ein Buch geschrieben.
Aber ich empfehle allen die das hier lesen sich vor allem
den Podcast anzuhören.
Das ist es wirklich wert.
Er redet vom Leben wie wir es wahrnehmen und von
der Einsamkeit, die viele fühlen, obwohl es so unendlich
viele Menschen hier gibt.
In vielen Dingen hat er mir von der Seele gesprochen
auf eine beistehende Art und Weise.

Kennst du das, wenn du auf dem Bett sitzt und etwas
vor hast zu tun und dann, ganz plötzlich auf die Seite
sinkst? Einfach weil dir die Energie und Lust fehlt?

Mir ist es gerade so gegangen und da dachte ich heute
ist ein Tag zum Schreiben. Auch weil es regnet und
gewittert und ich heute, passend dazu, nur schlechte
Nachrichten erhalten habe. Ich war so fest entschlossen
mein Leben endlich geregelt zu haben, aber es stellte
sich heraus, dass das alles nicht so funktionieren würde.

Mit dem dualen Studium und Fachabi und so.

Ich hatte schon die Tage gezählt, wann endlich mein
letzter Schultag sein würde, er wäre in weniger als 3

Monaten! Da das jetzt für mich gegessen ist, kommt noch ein Schuljahr dazu. Noch ein weiteres Schuljahr voller Qual und Unwohlsein und außerdem ohne Geld.

Ein Neuanfang? – Nicht mehr in Sicht.

Ich wollte doch nur einen Neuanfang mit neuen Leuten und neuen Zielen. Ich bin 18 und einsam.

Wo ist das gesehen?

Gymnasium und Abitur sind nichts für jemanden wie mich, der das Wetter genießen will und Lust auf ein erfülltes Leben mit gutem Essen und Gesprächen auf dem Dach hat. Manchmal habe ich Kopfschmerzen, weil mir mein eigenes Leben zu anstrengend wird.

Ich labere euch mit meinen komplizierten Zukunftsvorstellungen zu und dann gibt es noch meine Freundin, die einen bösartigen Schilddrüsenkrebs zu bekämpfen hat und noch andere, die ihre Brüste wegen Brustkrebs verlieren, andere sterben sogar daran und dann bin da so ich, die genau darauf anfällig ist, aber mir geht es gesundheitlich sehr gut. Dennoch beklage ich mich über mein Leben, weil es nie genug ist.

Wir müssen erst tot krank werden, um gehört zu werden, um nicht scheißegal zu sein wie so eine Million Mikrobakterien, die wir alle tagtäglich tottrampeln.

Tage kommen und Tage gehen und
es ist entsetzlich zu sehen wie sehr uns Menschen das
Geld wichtig ist.
Sobald es mit sozialen Kontakten nicht läuft
konzentrieren wir uns komplett nur darauf.
Ich beobachte es sogar bei mir selbst, wenn es mir
schlecht geht, versuche ich mich glücklich zu kaufen.
Oder noch schlimmer, wir vernachlässigen unsere
Kontakte, um sich darauf zu konzentrieren Erfolg zu
haben.
Ich kriege davon Kopfschmerzen.
Warum machen wir unsere liebsten Menschen nicht zu
unserer Priorität?
Mein Freund, wenn er denn noch mein Freund ist, hat
mich glaube ich nicht als seine Priorität betrachtet und
tut es in den 3 Tagen, die wir jetzt wieder mal keinen
Kontakt haben sicherlich auch nicht.
Er definierte sich durch Karneval, Bier und seinen
Verein.
Ich war da nur eine schmackhafte Nebenmelodie.
Er hat mich nicht mit Rosen oder einem Maibaum
überrascht, wie ich es mir gewünscht habe. Auch für
einen gemeinsamen Urlaub war er nicht bereit.
Menschen sind grausame Wesen. Im wahrsten Sinne des
Wortes interessieren sie sich nur für sich selbst.
Wie kann Liebe da noch Platz finden?
Wie kann es Liebe geben, an einem Ort an dem fast
jeder sich selbst am Nächsten ist?

Ja einige Dinge an mir, die werden sich wohl niemals
ändern.

Die Tatsache, dass ich bei regnerischem Wetter
automatisch schlechte Laune habe, so wie die Tatsache,
dass Klavier spielen mir hilft mir über meine Gefühle
klar zu werden.
Ebenso, wie, dass ich ein Faible für traurige,
melancholische Gedichte, Texte, Sprüche oder Lieder
habe.
Und auch, dass ich eines Tages auf die bereits
geschriebenen Seiten zurückblicken werde und merke,
dass ich immer dieselben Fehler mache.

Fehler, die mich jedes Mal anders prägen, jedes Mal
verändern wobei die Fehler sich bei jedem Mal sehr
stark ähneln oder nahezu gleich sind.

Es ist sicher nicht meine Absicht, dass ich anscheinend
nicht aus meinen Fehlern lerne, jedoch muss es etwas
bedeuten, dass ich sie immer und immer wieder mache.
Es gibt Bereiche in meinem Leben, in denen investiere
ich zu viel Energie (Partnerschaft, Freundschaften).
Und dann gibt es Bereiche, die ich deshalb
vernachlässige (Schule, an sich selbst arbeiten).
Ich ziehe also (wieder einmal) das Fazit, dass ich für
andere Menschen meine Regeln breche und mich damit
selbst hinunterstufe.

Das ist nicht mehr okay.

Ich habe auch Bedürfnisse und Wünsche, denen jemand
gerecht werden muss und der ihnen auch gerecht
werden WILL.
Es mag sich egozentrisch anhören, wenn man das liest,

aber das ist es nicht, wenn man sich selbst immer
wieder dabei ertappt hat sich selbst zu vergessen,
während man um jeden Preis die Aufmerksamkeit einer
Person wollte.

Die Aufmerksamkeit einer Person, die sich
selbst zu schade ist, seinen Stolz zu überwinden, um die
Lage umzudrehen.

Es ist vorbei damit, dass ich Personen oder Dinge
ablehne, weil ich beschäftigt bin mir Gedanken zu
machen was diese oder jene Person darüber denken
würde.

Damit ist endlich Schluss.
Jetzt bin ich dran.

No right to love you

– Rhys Lewis

Abgesehen von der Tatsache, dass das Lied
wunderschön ist gibt es mir zu denken. Wie so vieles.

No right to love you. Diese Aussage trifft irgendwie auf
mich zu. Ich darf mir nicht mehr das Recht geben,
jemanden zu lieben.

Ich habe auf jeden Fall nicht mehr das Recht,
jemandem zu sagen, dass ich ihn liebe. Denn die Dinge
ändern sich so schnell. Aber so, wie ich die richtige
Liebe definiere, endet sie niemals.

Und es stimmt, dass es manche gibt und geben wird, für
die man für immer etwas empfinden wird aber nicht
mehr in dem Ausmaß wie es mal war oder wie man
dachte, dass es war. Ich traue mir selbst nicht mehr zu,
zu erkennen, wann die Liebe echt ist, wenn sie mir denn
begegnen wird.

No right to love you.

Wo nun auch meine aktuelle Beziehung zu Ende
gegangen ist, bei der ich wirklich und tatsächlich dachte
das ist sie, fehlt mir der Mut zu glauben, dass es sie
irgendwo da draußen noch gibt.

Und vielleicht ist sie mir dann sogar zum Greifen nahe, doch ich würde sie nicht erkennen.

Was ist Liebe, wenn mich mein schönstes Gefühl, meine überzeugendste Sicherheit und mein volles Vertrauen in etwas, so getäuscht hat?

Ich lebe für die Liebe. Wir Menschen sind dafür gemacht, um zu lieben.

Aber was, wenn ich sie nicht erkenne? Was, wenn ich zu viel Angst habe, erneut von meinem Gefühl getäuscht zu werden?

No right to love you.

So froh ich über diese Trennung auch bin, so komisch ist es auch, dass ich nicht weiß was ich mit seinem Bild machen sollte.

Es liegt immer noch in meinem Portemonnaie.

Es muss da irgendwie weg. Es sind jetzt zwei Wochen her, es ist okay, wenn ich es da rausnehme.

Ich werde einen geeigneten Ort dafür finden und damit Platz für etwas Neues schaffen. So lange es auch dauern wird. Oder vielleicht auch nicht lange dauern wird.

Aber es sollte.

Ich bin schon wieder dabei jemanden kennenzulernen, wo ich erneut denke, er sei etwas Besonderes. In jedem Menschen sehe ich etwas Gutes, aber es kann doch nicht sein, dass ich nur so wenig Zeit brauche, um jemanden gut zu finden.

Und nur, weil ich ihn jetzt sympathisch und besonders finde, heißt es nicht automatisch, dass ich ihn lieben werde. Obwohl das gut sein kann, weil er mir noch ähnlicher ist als jeder andere zuvor.
Aber das sage ich ja immer.

Es macht mich ratlos, wie naiv ich doch bin.

Wie leicht ich zu überzeugen bin.

Dass ein einziges tiefgründiges Gespräch bei Nacht ausreicht, um mir etwas mit jemandem vorstellen zu können.

Meine Eltern wissen nichts davon, aber auch ich hatte nicht die Absicht in naher Zukunft wieder jemanden so gut zu finden. Ich hatte nicht die Absicht wieder jemandem so schnell zu vertrauen.

Nicht die Absicht, in der Nacht davon zu träumen, wie ich jemand anderes küsse, als ihn mit dem es jetzt vorbei ist. Ich hatte wirklich nicht die Absicht. Ich hatte niemals, auch nur einen Moment lang die Absicht so schnell mit ihm abzuschließen und jemanden besser zu finden. Aber so viel besser.

So viel besser, dass ich wieder verwirrt bin. Mein Kopf ist wieder so verdreht, dass ich kein Urteil mehr darüber fällen kann, ob das jetzt klug ist oder nicht. Ob das wieder auf ein weiteres Scheitern hinausläuft oder aber nicht.

Ich bin verunsichert.

Verunsichert, weil alle mir sagen, ich solle mal länger mein Single Leben genießen, was ich auch wirklich versuche. Verunsichert, weil mein Herz so anfällig ist.

Anfällig dieselben Fehler zu machen, immer wieder.

Anfällig zu lieben und dann zu sehr.

Anfällig verletzt zu werden und dann zu sehr.

Viele sagen das Verhältnis zu den Eltern wird besser,
wenn man ausgezogen ist.
Viele sagen, sie haben Angst von zuhause weg zu
ziehen. Viele sagen, sie trauen es sich nicht zu für sich
selbst zu sorgen.
Und ich würde so gerne von Zuhause weg sein.
Mein eigenes Heim einrichten und leben nach meinen
Vorstellungen.
Nachhause kommen, ohne die Tür leise zumachen zu
müssen.
Ich würde so gerne ein Leben ohne ständige Kontrolle
und Beobachtung leben.
Und das sollte wohl so sein, wenn man 18 Jahre alt ist.
Bei mir ist es das aber nicht.
Vielleicht, weil ich nicht immer weiß was gut und was
schlecht für mich ist.
Ich vergesse zu essen, vergesse auch mal mit dem
Verstand zu denken.
Ich kann nicht auf mich selbst aufpassen.
Bei schlechtem Wetter verfalle ich in die sogenannte
Herbstdepression. Alleine könnte ich nicht leben.
Mit meinen Helikoptereltern allerdings noch weniger.

Ich kann es nicht mehr abwarten, mein Leben endlich
selbst in die Hand zu nehmen.

Talking and writing

I wish I could teach myself to sleep.
It is hard laying in bed, tired
but your eyes won´t close.
I wish I could stop my mind which is full of nonsense.
I wish I could focus more on important things.
But what is important?
Is it important to get good grades?

Or is it rather important for you to be mentally
balanced?
This could be a mistake right now, writing my thoughts
down instead of preparing for my exam tomorrow.
But maybe this is more important because it is my way
of healing.
Write down the thoughts, you can´t speak out loud,
because you may not find the right words, right in the
moment you are probably talking to someone.
Talking to someone stresses me out most of the time.
Doesn´t mean there aren´t moments, I really enjoy
talking to a trusted person.
Just means that I´m better off expressing my mind by
writing down what rushes through.

Treibendes Boot

Ich dachte es würde sich etwas ändern, wenn ich
anfange zu schreiben. Aber oh Wunder, es ändert
nichts. Ich schreibe und schreibe, als würde ich das tief
verborgene in mir auskotzen. Besser geht's mir dadurch
aber trotzdem nicht.

Langfristig zumindest nicht.

"Leben ist so anstrengend"

"Bist du glücklich oder bist du nur abgelenkt?" Das sind
Aussagen, die ich Tag für Tag immer mehr verkörpere.

Tag ein Tag aus, immer derselbe Schulalltag. Es kotzt
mich an. Wenn mal etwas abwechslungsreicher ist, fällt
mir trotzdem etwas ein, das ich kritisieren könnte.

Einen Moment lang zufrieden sein mit meinem Leben,
ist das zu viel verlangt?

Manchmal frage ich mich, ob ich eventuell zu viele
Erwartungen an das Leben und mich stelle aber
andersherum, würde ich keine stellen, wo wäre dann der
Sinn?

Menschen brauchen Ziele als Antrieb. Ich habe sie.

Aber was, wenn meine Ziele unerreichbar für mich sind? Und wenn ich sie erreicht habe, dann schaffe ich es nicht sie aufrecht zu erhalten.

Meinen Job habe ich verloren. Ich habe mir selbst immer gesagt, dass ich mir die restliche Schulzeit erträglicher machen werde, durch einen Job, der mir Geld bringt.

Aber jetzt fehlt mir auch das. Das letzte, das mir Motivation gegeben hat. Ich will meinem Leben wieder einen Sinn geben.

Wie oft habe ich mir dieses Ziel jetzt vorgenommen und dennoch scheine ich auf dem Wasser zu treiben. Ich weiß, wo ich in etwa hinwill, das Lenkrad ist da aber der Motor fehlt.

Was treibt mich jetzt an? Ich bin ein Mensch geworden, der die Dinge fast ausschließlich negativ sieht. Ich bin skeptisch, aus Angst immer wieder dieselben Fehler zu machen, die ich dann aber doch mache.

Ich denke zu viel und tue zu wenig.

So wie ich auch darüber nachdenke, wie mein Leben um einiges freudiger werden könnte aber einen Schritt in die Richtung gehe ich nicht.

Nicht weil ich nicht will, sondern weil ich nicht kann.

Ich habe unendliche Angst eine Menge an Energie in etwas zu investieren, um dann wieder auf null zu fallen und enttäuscht über mich selbst zu sein. Warum bin ich so? Warum nehme ich nicht endlich mal wirklich mein Leben in die Hand, so wie ich es andauernd sage?

Warum? Und ich kann es mir selbst nicht beantworten.

Irgendwo in ein Feld setzen und Löcher in die Luft starren.
Das kann ich gut.
Egal bei welchem Wetter und egal welche Uhrzeit.
Es ist mir so egal.
Ich möchte nur alleine sein.
Ich starre Löcher in die Luft und versuche emotionslos zu werden.
Doch es klappt nicht und alle meine Gefühle platzen aus mir heraus.
Nur auf dem Feld wage ich eine Träne raus zu lassen.
Das Feld wirkt magisch auf mich.
Es ist therapeutisch.
Und dennoch geht es mir hinterher nicht gut.
Manchmal möchte ich traurig sein, doch das ist was anderes.
Es gibt keine richtigen Gründe traurig zu sein, trotzdem bin ich es doch so oft.
Und besonders das Feld holt das melancholische in mir hervor.
Es betont die Weite und das Leere.

Die Einsamkeit, die ich fühle trotz der vielen Menschen, die behaupten für mich da zu sein.

Ich kann nicht über Gefühle reden.

Deshalb kann auch keiner richtig für mich da sein, wie ich es brauchen würde.

Ich kann aber Darüber schreiben.

Nur bekommt es nicht jeder zu sehen.

Also muss ich letzten Endes alleine zu sehen, wie ich mir helfe.

Am Ende des Tages ist es meine Katze, die zu mir kommt und meine Negativität von mir wegschmust.

Was stimmt nur nicht?

Ich bin zeitgleich so glücklich und doch traurig.

Wie ist sowas möglich?

Wie kann es sein, dass das Leben irgendwie nicht
schöner sein könnte und dennoch findet man diese
Stunden am Tag, an denen man nicht mehr Teil davon
sein möchte.

(P.S Woyzeck ist der Auslöser für meinen
Sicherungsausfall.)

Ich liebe Dich und es zerreißt mich.

Ich möchte jede Sekunde nur noch mit dir verbringen
und in deine Augen sehen.

Ich möchte mich an dir aufwärmen und die Welt
anhalten.

Das Problem mit mir und der Liebe ist, dass ich mein
Leben außerhalb vergesse.

Es wird mir egal.

Meine Freunde, egal. Meine Familie, egal.

Alles was zählt bist du und der Gedanke an das
grauenvolle Leben, wenn ich mal nicht bei dir bin.

Und das ist das Problem. Mein Problem.

Ich habe Angst, wieder einmal, dass ich von Liebe
spreche, wenn es nicht wirklich die eine ist.

Aber ich glaube es.

Wir kennen uns 1 Monat und es fühlt sich an, als wären
Jahre vergangen.

Wir haben Themen angesprochen, die würde ich bei
manchen Menschen nicht einmal nach Jahren erwarten.

Es vergeht kein Tag, an dem ich genug von Dir habe,
an dem ich Dich nicht sehen möchte.

Ich würde sogar sagen, Du bist alles was ich habe.

Ich habe nur dich.

Nur dich, wo du meinem Leben mehr Glanz verleiht.

Aber ich ersticke in meiner eigenen Melancholie, die
entweder vom Wetter, von Liedern oder anderen
Einflüssen ausgelöst wird.
Vielleicht bin ich Gift für dich.
Vielleicht verdienst du jemanden mit mehr Freude am
Leben.

Zur späten Stunde

„I am sorry to everyone who has ever tried to talk to me
and then realized my communication skills are
equivalent to a stale peace of bread" – Tumblr

Ich sitze draußen im Garten. Es ist ein wenig frisch aber
gerade so, dass man es mit einer kurzen Hollister Hose
und einem ACDC Shirt gut aushalten kann. Meinen mit
Wasser verdünnten Traubensaft müsse man jetzt durch
Rotwein ergänzen.

Naja. Ich sitze hier, um 23:17 Uhr und schreibe wieder
einmal.
In letzter Zeit greife ich wieder öfter zur Tastatur und
ich weiß gar nicht so richtig wieso. Mir geht es nicht
schlecht aber so richtig gut auch nicht.

Dieser Alltag bereitet mir einen Würgereiz.

Und deswegen sitze ich vermutlich auch hier draußen,
(was dem einen oder anderen unverantwortlich
erscheinen mag, weil ich morgen schließlich in die
Schule muss und deswegen um 6 Uhr aufstehe)
um den Tag bis aufs Letzte auszudehnen, damit der
nächste elende Tag in Gedanken erst später anbrechen
muss.

Ich weiß, dass ich mir damit nur selbst schade, weil ich
mir selbst den Schlaf raube.

Ich kann es nicht anders.
Das mit dem Schlafen konnte ich noch nie.

Allein einschlafen ist das schwierigste und noch
schwerer ist es nur, wenn ich schon weiß was für einen
mühsamen, motivationsunwürdigen Tag ich vor mir
habe.

Aber ein anderer Grund ist auch, dass ich das Gefühl
habe die Zeit liefe davon.
Wenn ich früher schlafen würde, würde ich mir
schließlich den Tag um ein paar Stunden Lebenszeit
verkürzen.

Ein Neugeborenes, dass von Anfang an im Wasser lebt,
kann ins Wasser geschmissen werden und schwimmt.
Wird es aber immer zu behütet, so verlernt es
irgendwann selbst zu schwimmen und geht unter, wenn
es plötzlich doch einmal ins Wasser fällt.

Egoismus in unseren Köpfen

Noch nie habe ich ausgesprochen, dass ihr alle absolute
Egoisten seid.
Wir demonstrieren für den Klimaschutz aber dennoch
verzichtet keiner von uns auf sein Auto.
Oder hin und wieder einen Salat dem Fleisch
vorzuziehen. Undenkbar.
Aber da fühle ich mich auch angesprochen.
Wir sind Egoisten.
Was ich euch schon immer sagen wollte ist, dass wir alle
verdorben sind und mit unserer Verdorbenheit, die
Welt ins Verderben führen.
Aber Hauptsache wir haben unser Leben in vollen
Zügen gelebt, oder?
Was ich euch schon immer sagen wollte ist, dass Liebe
das Wichtigste, und unser Leitmotiv sein sollte.
Also, heißt das wir sollten uns so verhalten, dass unsere
Kinder und unsere Enkelkinder und deren Haustiere
noch ihren Platz auf der Erde finden, oder?

Oder muss nach uns niemand mehr leben, wir haben ja
in vollen Zügen gelebt?
Wir sind alle samt ein lebender greifbarer Virus, der
alles verrottet was er berührt.
Die Existenz des Menschen auf der Erde sollte nicht so
aussehen.
Ganz sicher nicht.
Wir sollten nicht nach größter Intelligenz und den
bestbezahlten Jobs streben, sodass keiner mehr die
wirklich wichtigen Dinge machen möchte.
Doch genau so sieht es aus. Tendenz steigend.

Und ich bin genau so, Geld, Geld und noch mehr Geld. Geld ist unser Antrieb.

Wobei man meinen müsste und es immer zu predigt, dass die Gesundheit und die Liebe die wichtigsten Dinge im Leben seien.

Nein. Es reicht nicht.

Es reicht Niemandem und jeder der das abstreitet sei verdammt und ein Lügner.

Mein Sowi (Sozialwissenschaften) - Lehrer hat uns mal die Frage gestellt, ob uns ein Mann vom Beruf Müllmann ausreichen würde.

Was haben die meisten wohl gesagt?

Aufgrund finanzieller Sicherheit sei das nicht sicher genug.

Und es stimmt auch.

Auch das Image ist schlecht.

Nur sollte das uns nicht leiten.

Es ist dieses Schubladendenken, das den Menschen verwirrt und manipuliert.

Aber es ist nicht aufzuhalten und das ist auch gar nicht das schlimmste.

Das schlimmste ist nicht, dass es Schubladen gibt, sondern, dass Menschen sich gegenseitig nicht immer akzeptieren.

So wie wir sind, werden wir nie genug sein. Und wir werden nie fehlerfrei sein.

Und wenn wir Fehler machen, macht es uns das in dieser Umgebung nicht menschlich, sondern weniger wichtig und weniger wert zu achten und zu respektieren.

Das ist das schlimmste, weil man sich nach einem Fehler nicht mehr traut sich selbst zu sein.

Weil man dann die Kontrolle an jemand anderes geben

möchte, um den Normen dieser Welt gerecht werden
möchte und es sich selbst nicht mehr zutrauen wird.

So vieles läuft in den Köpfen der Menschen heute
einfach falsch.

Manchmal, ja manchmal glaubt man, dass es nicht noch
besser kommen kann.
Oder schlechter.
Es hat schon so viele Phasen in meinem Leben
gegeben, wo ich zu mir selber sprach: „Wow, das muss
der schönste Tag deines Lebens sein."

Doch Darauf folgte, wie die Natur es vorherbestimmt
ein tiefer Fall. Wie immer.
Aber es gibt jedes Mal eine Steigerung dieser
Glücksphasen.
Leider bringen sie eine Niederlage mit ebenso einer
hohen Intensität mit sich.

Das Auf und Ab des Lebens.

Man hat im Leben geschätzte 90 Jahre Zeit sich die Glücksphasen immer qualitativer zu machen und das Letzte Tief des Lebens ist dann der Tod.
Aber bei mir scheint das noch so routinierte Auf und Ab des Lebens ein wenig aus dem Ruder zu laufen.

Was, wenn...?
Was, wenn nicht...?
Was, wenn die schlimmste Niederlage nicht mein Tod ist, sondern etwas, dessen Leid ich bei lebendiger Seele spüren werde?

Ich habe Angst vor meinem Auf und Ab des Lebens.
In meinem jungen, frischen Leben, so möchte man meinen, habe ich schon so viel Leid verspürt.
Meine Psyche verursacht eine ständige innere Unruhe und Angst vor dem Morgen, sodass ich nur mit Hilfe von beruhigenden Routinen und Hilfsmitteln wie Lasea zur Ruhe komme.

Die wenigen guten Dinge in meinem Leben schließe ich so sehr in mein Herz, dass jeder Tag mehr mir Sorgen bereitet diese Dinge zu verlieren.
Weil mein Auf und Ab des Lebens im Ungleichgewicht zu sein scheint.
Mir ist bewusst, dass die Negativen Dinge in meinem Leben überwiegen, schon seit ich klein war.
Ich habe es nicht in der Hand und das macht mir solche Sorge vor meiner Zukunft.

Ich habe Angst, dass die Zeit in der Schule noch nicht die schlimmste meines Lebens ist.

Nächstes Jahr ist es endlich aus und vorbei mit diesem Ort, der mich zerstört hat.

Mit diesen Personen, die an meinem Selbstbewusstsein nagen. Nie wieder muss ich euch ins Gesicht sehen, wo mir die Unsicherheit meiner selbst ins Gesicht geschrieben war. Ich wollte im Boden versinken in jeder Sekunde der Einsamkeit.

In jeder Schulstunde ohne meine einzige Freundin in der Schule. Ich bin kein Einzelgänger.

Und doch keine gute Partie.

Ich bin eine geschwächte Zeitbombe, die sich mal das Leben nehmen wollte.

Und dessen Leben jeder Zeit wieder wertlos werden kann. Instabil.

Ich liebe dich. Und ich habe, um mein Leben Angst auch dich zu verlieren.

Mein Herz wird die vielen Verluste, eins nach dem anderen nicht mehr lange ertragen können.

Und doch habe ich dich nicht verdient, weil ich dir diese Zeitbombe ohne Bedienungsanleitung in die Hand gedrückt habe.

Du verdienst besseres. Und obwohl ich das weiß, will ich nichts anderes als dich.

Du bist das, wonach ich immer gesucht habe und ja, das sagte ich bei allen meinen Beziehungen, aber wie ich eben bereits erwähnte haben alle meine Glücksphasen ihre Steigerung.

Also wenn ich jetzt und hier sage, du bist das was ich immer wollte, bedeutet das du bist besser zu mir als jeder andere zuvor.

Bilder bei Nacht

Wie eine Diashow ziehen die Bilder ein und aus.
In meinem Kopf herrscht Chaos.
Ich schließe meine Augen und sehe meine tote Oma
hergerichtet für ihre Beisetzung.
Ich betrat den Raum, blickte nach rechts und da sah ich
sie. Umgeben von vielen wunderschönen Rosen und
Kerzen, lag sie da in einem schicken Kleid.
Und da stand ich, zum ersten Mal sah ich eine Leiche,
mein letztes Großelternteil war nun auch
weggestorben.
Ich brach zusammen und weinte, weil ich es nicht
begreifen konnte, warum es so einen Brauch geben
musste. Warum muss man sich Leichen ansehen, wenn
die Person nicht mehr da ist?
Ihre zarte, rosa geschminkte Haut, ließ sie wirken wie
eine Porzelanpuppe.
Das erschien mir schrecklich.
Und dann sah ich zu, wie sie Meter für Meter tiefer in
der Erde vergraben wurde. Und wenn ein Wunder
geschehen würde und sie plötzlich am Deckel des Sargs
klopfen würde?
Niemand würde sie hören.
Aber das ist nun auch Schnee von Dezember 2018.

Jetzt frage ich mich, warum tauchen diese Bilder und
Gefühle wieder auf?
Ich liege alleine im Bett, die letzten Nächte musste ich
es nicht und nun kann ich nicht schlafen ohne eine
schützende, wärmende Person neben mir.

Es ist das Gefühl von Einsamkeit.

Einsamkeit, obwohl ich nicht einsam bin.

Ich habe Angst alleine zu sein.

Ich bin abhängig.

Ich bin unfähig selbstständig durch die Nacht oder den Tag zu gehen. Unfähig mich selbst zu beruhigen, dass alles gut wird. Dass ich keine Angst vor dem nächsten Tag zu haben brauche, doch die habe ich, immerzu.

Mein eigenes Leben, meine Blase, es macht mir nur Angst, weil für alles nur ich verantwortlich bin.

Ich kann es gut machen oder aber auch schlecht machen. Mein emotionaler Leitfaden leitet mich zu den vermeintlich guten Dingen und umso schlechtere Folgen. Meine Gedanken sind es, die mir die Luft nehmen, die mich in den Wahnsinn treibe, die mich nicht schlafen lassen.

Darum möchte ich niemals alleine mit Ihnen sein und doch bin ich es.

So viel Vertrauen wir in eine Person auch stecken mögen und wie sehr die Person ihr Herz für uns bluten lassen würde, sie wird uns dennoch alleine lassen in Nächten wie diesen und uns einsam fühlen lassen.

Die Person kann nicht immer für uns da sein, so wie sie es verspricht, weil sie auch ein eigenes Leben hat.

Es ist unsere eigene Schuld, weil wir unseres vergessen haben.

Wenn es dir schwer fällt wichtige Termine wahrzunehmen oder allgemein auf deine Gesundheit zu achten, genug zu trinken und zu essen und vor Allem gesund zu essen, dann hast du dein Anzeichen dafür, dass du dich selbst aufgibst.
Es sind schon kleine Sachen, die dir zeigen können, dass du dich selbst nicht mehr lieben kannst wie sonst. Wenn das Zähneputzen am Morgen und das Duschen und Schminken oder sich hübsch anzuziehen, schon anstrengend werden, läuft etwas schief.

Ich habe es selbst erlebt und manches davon passiert mir auch immer noch hin und wieder.
Aber ich habe gelernt, wie wichtig und wie schön es ist, Zeit für sich zu haben und sich „Me-Time" zu gönnen, sich zu pflegen und dem Körper eine Auszeit zu schenken.

Es ist so essentiell für deine mentale Gesundheit. Sonst kann man sich im Stress des Alltags sehr schnell verlieren und wieder in diesem Loch landen, in dem man nie sein und immer nur raus wollte.

Pillow Thoughts

Ein sehr schöner Titel, wie ich finde. Ebenso schön
sind die Sprüche und Texte, die das Buch umfasst.

Für jede Gefühlssituation gibt es eine Reihe davon.
Demnach ist auch die Inhaltsangabe angepasst.

Wenn ich das Buch lese, muss ich zwischendurch
schmunzeln und das ist für mich selten. Also, dass ein
Buch mich so packen kann. Aber das ist schön, wenn
Dinge das Herz berühren können und es für den
Moment wieder aufwärmen.

Genauso, wie der Mann, der unten in der Bucht Gitarre
spielt, während ich hier auf dem Balkon sitze und diese
Worte vor mich hin tippe. Er spielt schön. Auch wenn
die Töne 1km entfernt sind, hört man jedes Gefühl
heraus. Jedes Jahr, wenn ich in Spanien bin versuche ich
meine Gedanken ein Wenig loszulassen.

Aber wie dieses Kapitel hier vermuten lässt, funktioniert
es nie so ganz. Ich bin ein viel denkender Mensch,
insbesondere wenn ich allein bin. Sei es nur ein kurzer
Moment.

Und ich habe dafür eine These: Wenn man an einem
sehr schönen Ort, sehr entspannt ist und wenn man die
Ruhe genießt und die Welt auf sich wirken lassen kann,
dann kehrt man zu sich ins Innere. Und das ist jetzt so
ein Moment.

Eine Eidechse klettert oben am Dach herum und beobachtet mich vermutlich, mein Vino tinto de verano sprudelt vor sich hin und die kühle Abendbrise zwischendurch. Meine Eltern, die gerade nicht meckern und keine schulischen Sachen, die mir ein schlechtes Gewissen zubereiten könnten. Und die Postkarten, die für den Versand vorbereitet auf der Theke liegen.

Es ist eigentlich alles so unglaublich erholsam. Aber was mir hier wirklich fehlt bist du. Es könnte so perfekt sein.

Ich weiß nicht, wie oft ich das in diesen Kapiteln schon niedergeschrieben haben muss, aber seit ich angefangen habe ernstere Beziehungen zu führen war es immer mein Traum hier meinen Urlaub zu verbringen, mit dem Menschen, den ich wirklich liebe. Und diesen Traum hätte ich gerne, so gerne erfüllt. Nicht von irgendwem, nein.

Es gibt viele, die würden sofort alles fallen und liegen lassen, damit sie diese Situation ausnutzen könnten. Aber ich meine einzig und allein dich. Dich, meinen Freund, der alles vollkommen macht.

Der die perfekte Prise Salz auf dem Gericht ist, welches sonst langweilig und nach nichts schmecken würde.

Du machst einfach alles noch besser. Es kann noch so schön sein, so wie jetzt. Aber erst mit dir wird alles perfekt.

Wir würden in der Nacht beieinander schlafen können, morgens gemeinsam Kaffee trinken, mittags zum Pool oder an den Strand gehen und uns dort mit Sonnenöl massieren können.

Oder unter den Wasserfällen stehen und uns aneinanderklammern, weil es so verdammt kalt ist, das Wasser vom Wasserfall.

Wir könnten gemeinsam duschen gehen. Und am Abend Wein oder Malibu trinken. Tretbootfahren oder sich die Füße von Fischen abknabbern lassen.

Zusammen sommerlich bunte Klamotten kaufen und schöne Outfits shooten. Den Sonnenuntergang am Strand beobachten. Gemeinsam die Aussicht und das leckere Essen genießen. Beobachten, wie wir beide immer brauner werden.

Das, ja das sind heute meine Pillow Thoughts.

Ich liebe Dich.

Ich weiß es.

Ich bin ganz sicher ich werde eines Tages, möge es in 20 oder in 30 Jahren sein, da werde ich in meinem Mercedes AMG GTR sitzen und an euren Häusern vorbei schleichen und sie mit Eiern vollklatschen.
Rache ist süß. Und ihr werdet es alle verdienen euer Heim von Eiern zu säubern.
Ihr könntet mich Anzeigen dafür, aber ihr werdet nie erfahren, dass ich es war.
Warum? Weil ich dann 585PS fahre und schneller weg bin, als ihr gucken könnt.

Haha, der Gedanke gefällt mir. Aber das ist Spaß, wer klug ist begibt sich nicht auf das Niveau herab.
Wobei das schon sehr lustig wäre...

Eines Tages werdet ihr zu mir blicken und euch fragen, wie ich das alles erreichen konnte. Darauf vertraue ich.

Jetzt liege ich hier im Bett mit einem
Kaputten Fuß, weil ich die Treppe herunter gestolpert
bin. Es war keine Sportverletzung, nein.
Es war etwas ganz Banales, das nur mir passieren kann.
Es sind immer die Treppen.
Einmal bin ich verkatert die Treppe runter gegangen
und habe mir dabei den großen Zeh angeknackst.
Und jetzt ist es halt der ganze Fuß.
Ist das nicht toll im Sommerurlaub?
Ich habe lange nichts so schmerzhaftes gespürt wie
nach dem Sturz das wieder Aufstehen zu versuchen.
Ich dachte ich falle in Ohnmacht.
Jetzt kann ich einen Monat lang meinen Fuß nicht
belasten. Kein Sport, möglichst keine (langen)
Spaziergänge, kein Auto oder Fahrrad fahren.
Was kann ich also noch tun, als nichts zu tun und meine
Musik und Galerie neu anzuordnen oder die Aussicht
zu genießen und meinen Gedanken freien Lauf zu
lassen. Bein hoch natürlich nicht vergessen, sonst
breitet sich das Hämatom aus.

Would you lay with me?
Would you lay with me in my bed or somewhere else,
just doin' nothing?

Ich wollte noch Quad fahren und Schwimmen im Pool mit richtigen Bahnen und meine Workouts machen, zu Aussichtspunkten wandern und all diese Pläne, aber das darf ich jetzt alles nicht mehr.

Und es tut auch weh nach großer Anstrengung.

Und das Kühlen des Fußes ist essentiell und darf nicht vergessen werden. Ansonsten schwillt er an.

Would you lay with me?
Doin' nothing for a month?
Anyways, would you bring me to beautiful spots though?
Would you lay with me and still like me like that?

Palmen, Meer und Sonnenschein

Von Palmen, Meer und Sonnenschein zu Betonklötzen, Feldern und kalten Gesichtern.

Als ich in Spanien war, war ich zwar 3 Wochen lang mehr oder weniger abgeschottet und fühlte mich an dem einen oder anderen Abend allein, dennoch war ich sehr in mich gekehrt und konnte meine innere Ruhe wiederfinden. Ich konnte jede Welle, jedes Gericht und jede Palme ansehen und mich darüber freuen, dass ich es erleben darf.

Nach der Zeit wieder in Deutschland zu sein ist im Vergleich wohl ein Kulturschock. Es ist knapp 10 Grad kühler und die Leute strahlen keine Lebensfreude mehr aus. Es fahren so viele Autos — sogar auf dem Feld, wo nichts zu holen ist — denen man Platz machen muss, wenn man mit dem Hund Gassi geht.

Es ist unmöglich was die kleinen Dinge in der Umgebung ausmachen. Wie sie uns beeinflussen.

Und es ist erstaunlich, wie sehr man sich in so einer kurzen Zeit verändern kann. Ich habe mir in Spanien sehr viele Gedanken über mein Leben gemacht, warum ich immer so unglücklich bin und bin zu dem Schluss gekommen, dass ich mehr auf mich fokussiert werden sollte. Damit ich mehr erreichen kann und folglich mehr aus meinem Leben schaffen kann und glücklich werde, mit dem was ich endlich erreicht haben werde.

Ich brauche niemanden, der mich von meinen Zielen trennt, ich brauche jemanden der entweder mitgeht oder mich gehen lässt. Denn ich halte jetzt an meinen Zielen fest, denn schließlich ist nichts wichtiger, als das Wohlsein. Ich habe beschlossen konsequent kein Fleisch mehr zu essen und mich vegetarisch zu ernähren, weil es gesünder ist und ich dadurch reiner mit mir bin.

Warum sollte es okay sein, Tiere leiden zu lassen, damit wir unsere Gier stillen können? – Ist es nicht. Und deshalb ist das mein erstes Ziel, das durchzuziehen.

Ich brauche mehr Zeit für mich, um das Trinken und Essen nicht zu vergessen, um das Wesentliche, das Lernen und mich selber zu lieben nicht zu vergessen.

Ich muss mich losbinden, von all dem das mich fesselt. Von jeder Einschränkung und jeder Pflicht, die mir nicht das gibt, was mich weiterbringt.

Ich muss meine Entscheidungen meine eigenen sein lassen. Es ist mein Leben, dass ich nach niemandem richten muss.

Eigentlich weiß ich heute gar nicht was ich schreiben möchte.

Ich schreibe meistens, wenn es mir nicht gut geht.
Zum Beispiel als ich nach dem Urlaub wieder da war und dachte meine Katze sei irgendwo regungslos am Liegen, weil sie uns lange hat warten lassen.
Zum Glück geht es ihr gut.
Wäre es so gekommen, weiß ich nicht was ich gemacht hätte, um aus dem Loch wieder heraus zu kommen.
Sie ist meine beste Freundin.
Ich liebe Sie, wie ich eines Tages mein Kind lieben werde. Aber heute und überhaupt die letzten Tage, geht es mir eher gut bis sehr gut.
Aber warum soll man nicht auch Darüber schreiben?

Nach drei Wochen habe ich meinen Freund wiedergesehen und es war, wie unser erstes Date.
Auf einmal stand er da im Flur, mit seinen wunderschönen Augen und sah mich an.
Da wurde mir klar, wie er mir die ganze Zeit über gefehlt hat.
Seine Wärme, seine Liebe und seine Aufmerksamkeit.
Und wie schön er aussieht, wenn er oben ohne dasitzt und ihm eine seiner Locken ins Gesicht hängt.
Ich glaube, das habe ich ihm noch nie so gesagt.

Wir haben jetzt vor kurzem eine Serie angefangen, die heißt *Californication*.
Ich habe so das Gefühl, dass diese Serie tatsächlich mein Leben verändert hat, denn der Typ in der Serie der ist einfach wie ich.

179

Also der Typ, von dem ich rede, das ist *Hank Moody* der Hauptcharakter.

Und *Hank Moody* ist so ein Typ, der sein Leben überhaupt nicht auf der Kette hat, aber er ist Schriftsteller und er schreibt und er schreibt und er raucht und trinkt („Rauchen ist sterben auf Rate") und er fickt sich durch die Welt, - o. k. - das ist vielleicht nicht unbedingt das was ich auch unterschreiben würde, aber so ist er. Und es gab eine Zeit, da hätte ich jedes „Sterben auf Rate" mit Freuden akzeptiert, weshalb ich *Hank* und seine Handlungen umso mehr verkörpern kann und verstehen kann.

Jetzt gerade in diesem Moment habe ich diese Diktierfunktion entdeckt und ich muss sagen ich bin echt fasziniert davon.

Naja es gibt auch mal Tage da entdecke ich solche Dinge wie das jetzt gerade aber genug davon, zurück zum Thema.

Es gibt wenig Serien oder Filme, die einen Charakter haben, mit dem ich mich so gut identifizieren kann.

Es tut einfach unheimlich gut zu sehen, wie jemand so einen Charakter erfunden hat, der einem in einer Art und Weise sehr stark ähnelt.

Dann fühlt man sich gleich weniger seltsam, weil man so ist wie man ist. Man meint, man würde Dinge tun und Dinge fühlen, wie sonst keiner und dann kommt diese Serie und beweist einem das Gegenteil.

Es gibt diese Menschen (auch wenn *Hank* nur eine erfundene Person ist).

Sie erhalten in Serien nur viel mehr Aufmerksamkeit und werden sehr geschätzt, weil sie das sind was die

Serie so erfolgreich gemacht hat. Und das erfreut mich so sehr, dass ich es gar nicht beschreiben kann.

Es gibt ein paar Serien, die werden immer in meinem Herzen bleiben, weil sie mich geprägt haben oder weil sie meine Persönlichkeit widerspiegeln.
Und das sind sie:
- Californication
- Vampire Diaries
- Grey's Anatomy

„You forgot who you are"

Es ist okay, dass du kurz vergessen hast wer du bist und wer du eigentlich sein möchtest. Es ist okay, dass du die verborgene Rose bist. Aber du selbst siehst nicht, dass du sie bist. Du bist und bleibst immer und überall der Fremdkörper.

Umgeben von verschiedenen Ebenen, doch deine Farbe hebt sich ab. Deine Augen sind zumeist ausdruckslos, was vermutlich auf deine Selbstzweifel zurück zu führen ist.

Du siehst dich selbst nicht für wichtig, obwohl du den Blick nach vorne heraus besitzt, den viele nicht besitzen. Aber du schon.

Warum also sich von den anderen Ebenen beeinflussen lassen und vergessen wer du bist?

Wenn du wie du bist, eigentlich gut genug wenn nicht sogar besser bist?

Wenn das Universum gewollt hätte, dass wir zu Hause sitzen und Wände anstarren, Blödsinn, das Universum möchte so etwas nicht.

Das Universum möchte, dass wir unseren Geist entfalten und unser Mensch-Sein nutzen. Es möchte, dass wir Verantwortung tragen.

Das Universum hat schlaue und weniger schlaue Menschen erschaffen, damit sie sich gegenseitig unterstützen, damit sie lernen was Zusammenhalt bedeutet. Deswegen gibt es heute auch die EU.

Ob das positiv oder negativ ist, kann sich jeder selbst überlegen, aber das ist Unterstützung, immerhin eine Art und Weise davon. Also nein, das Universum möchte das nicht.

Und deswegen mein Gedanke: *Money kills our spirit.*

Alles dreht sich nur noch ums Geld. Ein bestimmter Preis, bestimmt unser Leben. Es gibt Möglichkeiten, um diese Summe zu erreichen, mit Jobs natürlich. Das heißt, wenn man einen bekommt.

Aber ich sitze hier, starre Wände an, weil ich kein Geld habe, weil ich noch zur Schule gehe, keinen Job habe und kein Taschengeld bekomme.

So sehr ich auch will und mich bemühe.

Isoliert von der Gesellschaft. Geld hat nicht das Recht uns so unglücklich zu machen, wenn es uns verlässt. Und andere, die es haben feiern die Party ihres Lebens. Natürlich, sie haben es sich ja verdient.

Aber ich sitze hier.

Ich habe alles und gleichzeitig auch nichts. Ich möchte doch nur meinen alten Rückzugsort wieder. Mein Fitnessstudio für 5.90EUR/Woche. Ich habe mich damals so wohl gefühlt in meinem Körper, hatte viel mehr Motivation und Energie für alles.

Jetzt, wo mir das fehlt rutsche ich Phasenweise in meine Depression zurück. Die Rückenschmerzen kommen wieder, die Antriebslosigkeit. Die Möglichkeit mich sinnvoll auszupowern und abzureagieren, wenn ich niemanden sehen möchte.

Mein Ausgleich zur Schule und allem anderen Stress fehlt völlig. Also gucke ich mir weiter die Wände meines Zimmers an.

Money kills our spirit.

Can you trust me?

Ich habe wirklich Angst vor Abhängigkeit.
Das heißt aber nicht, dass ich niemals von jemandem
oder etwas abhängig sein kann.
Es passiert einfach so.
Die Abhängigkeit braucht es nicht, dass man sie
zulässt.

I hate when people don't trust me
Because I would dare to say that I am the most
trustworthy person they have
And that hurts
Because I will always count on them
But they don't
They never do
Is it because I am obvious?
It is obvious that I would give my last for some people
But they wouldn't do so for me
And that hurts even more

Warum kannst du mir dein Herz nicht ausschütten, so
wie ich es tue?
Warum nenne ich dich beste Freundin, aber du bist es
nicht?
Warum bin ich es nicht?

Ich verliere den Verstand, wenn ich an meine Zukunft denke.

Es gibt kaum etwas das mir mehr Angst macht, als das was mein Schicksal noch für mich bereithält.

Es macht mir so eine Angst, dass ich glaube die Blutklumpen, die ich plötzlich von mir abwische, seien Embryos.

Es ist absolut absurd, dass ich das überhaupt schreibe.

Ich meine, wenn das kein hoher Grad an paranoid sein ist, dann weiß ich nicht was es sein soll.

Ich liege neben meinem Freund im Bett, von dem ich Tag für Tag mehr überzeugt bin, dass er Mr. Right ist und kann wieder nicht schlafen.

Habt ihr schon einmal darüber nachgedacht, wieviel kostbare Zeit wir, ohne sie wahrzunehmen mit schlafen verbringen?

Der Gedanke erscheint mir grausam.

Lieber möchte ich die ganze Nacht wach liegen und genießen, dass er noch da ist.

Früher oder später wird uns jeder Mensch weggenommen und ich habe das Gefühl jede Sekunde schätzen zu müssen.

Aber ich glaube, auch das, wird mich vor dem Schmerz,

der dort irgendwo lauert und darauf wartet mich zu zerfetzen, nicht schützen.

Dass ich nachts nicht einschlafen kann, ist ja an sich nichts Neues aber die Gründe variieren.
Entweder ist es die Schule, die mir am nächsten Morgen den Arsch versohlen will oder es ist etwas anderes, für das ich mental einfach nicht bereit bin und das mir Angst macht.

Ich habe so eine unvorstellbare Angst ihn durch meine Art zu verlieren.
Er sagt zwar, das werde ich nicht und wenn, würde es nicht durch seine Hand passieren, aber was kann ein Mensch sich antun?
Kann man sich mir versprechen, einer Person, bei der man, wenn sie einen äußerst schlechten Tag hat nicht sicher sein kann, dass sie nichts Dummes anstellt?
Ich meine, sollte man das tun?

Ich bin nach wie vor der Meinung, dass er Besseres verdient hat, aber dennoch raubt es mir den Schlaf daran zu denken, den einzigen Menschen, dem ich vertraue irgendwie zu verlieren.

Der Ventilator ist an und er ist laut, das Licht brennt auch noch.

Er liegt hier neben mir und schläft einfach friedlich und nichts ahnend vor sich hin.

Er macht sich vermutlich keine Gedanken, warum ich jetzt nicht schlafen kann.

Und es ist besser für ihn.

Nicht zu wissen was meinen Kopf verrückt macht, sollte ein Segen sein. Andauernd liege ich wach im Bett, obwohl ich schlafen sollte. Manchmal bekomme ich sogar Heulkrämpfe deswegen, wenn ich müde bin und der Schlaf mich trotzdem nicht holt.

In weniger als 6 stunden muss ich wieder aufstehen, weil die Ferien vorbei sind und die Schule wieder losgeht.

Es wird die Hölle sein.

Jeden Tag aufs Neue derselbe Scheiss.

Jeden Tag enttäusche ich mich selbst aufs Neue, weil es einfach nicht besser wird.

Der Gedanke jetzt die Augen zu schließen und versuchen zu schlafen bereitet mir leichte Panik und mein Herz pumpt wie wild, während mein Freund wieder mal ahnungslos vor sich hinschlummert.

Ich bin hellwach und die Angst vor dem Morgen steht mir ins Gesicht geschrieben.
Letztendlich sind wir doch alle allein mit unseren Gedanken.
Was ein Scheiß dieses Mensch-Sein doch ist.

„sleeping anxiety"

Ich stelle fest, dass ich Angst vor dem Schlafen habe.
Die Vorstellung das Bewusstsein während der paar
Stunden Schlaf loszulassen, erscheint mir absolut
gruselig. Ich habe Angst davor.

In letzter Zeit frage ich mich, wovor ich eigentlich keine
Angst habe, wenn ich mal ehrlich bin. Ich habe so ein
riesiges Unwohlsein damit in die Schule zu gehen und
ich habe Angst auf fremde Leute zu treffen, mit denen
ich dann Kontakt knüpfen muss. Aber das ist ja noch
nicht alles.

Ich habe Verlustängste und Vertrauensprobleme,
Zukunftsängste und daraus ergeben sich dann
vermutlich die Schlafstörungen. Und der größte
Angstträger ist die Schule.

Während der ganzen Ferienzeit habe ich mich nicht
über meinen Schlaf beschwert und hatte nicht solche
Panik davor zu schlafen.

Ich habe einfach Angst vor dem nächsten Tag.

Es könnte ja morgen etwas furchtbar Schlimmes
passieren und dann habe ich die Nacht allein verbringen
müssen. Eigentlich liebe ich es zu schlafen.

Aber nicht allein, sondern mit meinem Freund.

Das Einzige, was ich nachts am Schlaf genießen kann und wo ich meinen Frieden finden kann, ist seine Wärme, die ich spüre, wenn ich in seinen Armen liege.

Das ist für mich unbezahlbar. Aber aktuell und besonders jetzt, wo die Schule begonnen hat, gilt für mich folgendes: Den Schlaf kannst du nachholen, wenn du tot bist.

Ich meine, was bringt es mir zu schlafen, wenn mein Schlaf sowieso entweder unterbrochen wird, weil ich aufs Klo muss, es zu hell oder zu laut ist oder ich irgendeinen schlechten Traum habe.

Und wenn ich dann einmal wach geworden bin, ist es fraglich ob und wann ich dann wieder die Ruhe finde, um weiter zu schlafen. Der Standard-Schlaf ist mir ein Mysterium, das mir ordentlich auf den Wecker geht.

Für guten Schlaf würde ich wohl sicher sehr viel geben, aber den habe ich aktuell einfach so gut wie nie und wenn ich allein schlafen muss, ist guter Schlaf schon direkt ausgeschlossen. Und schon wieder sind wir bei der Abhängigkeit angelangt.

What do people do when feeling like crap?

Man sagt ja, dass man die Gefühle spürt, wenn man jemandem beim Musik machen zuhört. Manchmal frage ich mich, ob die Leute, die mich schon Klavierspielen gehört haben, gespürt haben, wie innerlich verkorkst ich eigentlich bin.

Meistens kriege ich dann aber nur zu hören, wie gut ich spiele, also stimmt meine Theorie vielleicht auch gar nicht. Naja, ich fühle mich gerade wie scheiße, deswegen schreibe ich ja auch wieder. Das passiert in letzter Zeit wieder öfter.

Was soll's, nächste Woche kann es mit dem Sport weiter gehen, dann wird sich hoffentlich mein mentales Bewusstsein wieder verbessern.

Ich konnte meine Eltern doch dazu überreden, es gab eine Aktion, die die Anmeldegebühr von 69EUR gestrichen hat. Dafür bin ich dankbar. Wenn ich demnächst abends wieder allein sein muss, kann ich mich dann einfach ins Gym verkrümeln.

Ich hasse es. Ich hasse alles hier. Ich habe gerade so eine Laune, dass mir nicht mal Musik hören Spaß machen würde.

Warum kann man mich denn gottverdammt nicht allein lassen? Ich bin so ein abhängiges Wrack.

Ich schlafe nachts unheimlich schlecht ein und Einsamkeit ertrage ich nicht. Ich wollte den Abend heute wirklich nicht allein verbringen, aber es hat sich nichts ergeben, auch wenn ich es versucht habe.

Ich habe einen Freund, der für mich da ist, aber wenn er verhindert ist, wer ist dann auf Abruf bereit?

What do people do when they feel like crap?

When music doesn't work?

Gefühle an Orten

Es gibt Lieder, die sollte man nicht hören, wenn man im Flugzeug sitzt.
Genauso, wie es Podcasts gibt, die man nicht hören sollte. Aber es gibt auch Gedanken, die man nicht haben sollte, wenn man mehrere Kilometer über der Erde herumfliegt.

Oder wenn man bei regnerischem Wetter auf dem Feld ist, dann sollte man keine nachdenkliche Musik hören. Aber man sollte auch keine Musik hören, von der man dann Tanzlaune bekommt, weil, wer möchte die Augen schon auf sich ziehen? Genauso sollte man auch keine traurige Musik im Oberstufenraum der Schule hören, man könnte sonst auf die Idee kommen die übrigen Stunden zu schwänzen.

Das was ich aufgezählt habe beziehe ich auf mich, ich weiß es nicht ob es noch jemand von euch bei sich beobachtet und es auch so sieht, aber für mich sind es Sachen, die ich dennoch immer wieder tue.
Ich rufe meine Tief-Phasen unbewusst selber wieder auf. Weil ich dagegen etwas tun will, habe ich mir die Playlist von meiner Lieblingsserie Californication runtergeladen und immer, wenn mir jetzt nach etwas Sentimentalem ist, höre ich entweder diese Playlist oder die von Ed Sheeran oder ähnlichen.

Es beruhigt mich, anstatt mich traurig zu machen. Auch wenn traurig sein manchmal auch etwas Beruhigendes

hat, das ist Melancholie.
Traurig sein, weil man nachdenklich ist, ist manchmal
gar nichts schlimmes.
Manchmal ist es einfach nur beruhigend zu sich zu
kommen.

Ich versuche wirklich mein Leben in den Griff zu
bekommen, es ist nur leider leichter als alle sagen.
Momentan sieht es damit eigentlich ganz gut aus aber
wie gesagt
- eigentlich.

Ich bin 18 Jahre alt, ich sollte mich langsam
verantwortungsbewusst verhalten, oder?
Einerseits will ich das aber andererseits auch überhaupt
nicht, weil ich sehe was für Langweiler das sind die nur
das machen, was „richtig" und „angebracht" ist.
Ich will mir selbst treu bleiben, aber ich weiß nicht so
ganz was das eigentlich bedeutet.
Bin ich verantwortungsvoll oder bin ich chaotisch oder
sogar beides?

Viele Entscheidungen, die ich bisher getroffen habe,
waren falsch und ich lerne nicht aus ihnen.
Ich vertraue nach wie vor viel zu schnell und ich kann
es nicht stoppen, da kann ich so oft enttäuscht werden
und ich werde trotzdem das Gute in Menschen sehen
wollen.
Letztlich weiß ich, dass ich durch und durch ein Chaot
bin und vieles nicht so mache wie ich sollte aber die
Erwartungen, die ich an das Leben stelle, kann ich nur
durch ein verantwortungsvolles Handeln erreichen.

Zwiespalt. Manchmal bin ich so,
wie ich vorgebe zu sein,
manchmal bin ich aber ganz anders, als ich vorgebe zu
sein.

Es gibt Menschen mit mehreren Persönlichkeiten,
vielleicht trifft das ja auch auf mich zu?
Ich bin verwirrt von mir selbst und meinen Gedanken,
verwirrt von dem was ich will und
von dem, was ich bereits habe.

Such a mess

Why am I such a mess?
I keep doing the same mistakes over and over again.
I wish I could live on a more rational basis.
I hate that I am such a Wrack.
Every decision I make is controlled by uncontrolled emotions.

Today my only friend at school isn't here so I obviously can't get my shit together and stay.

I hate how dependent I am.
I hate how nervous I get in certain situations.
I hate how cold-hearted I get in certain situations.
I hate how undisciplined I am.

How will I be able to survive later?
How will I be able to open my mouth without an increasing heartbeat?
How will I be able to be real?
How will I be able to keep a relationship when I am like this?

Ich glaube niemand kennt mich. Niemand weiß, wer ich bin und niemand wüsste, wie er mich charakterisieren sollte. Aber will es überhaupt jemand?

Wer sich die Mühe macht, in das Innere eines Menschen zu schauen, der wird meistens auch ein Bild bekommen. Das heißt, wenn der Mensch es zulässt.
Ich lasse es zu, ich flehe förmlich darum.

Ich fühle mich, als wäre mein Körper und meine Seele in Stücke gerissen und ich weiß nicht mehr, welches Teil wo hingehört.
Ich habe das Gefühl, dass ich mich verändere und mich neu konstruiere. Ich empfinde anders.

Aber ich bin froh, dass ich überhaupt etwas empfinde, weil ich eine lange Zeit nichts als Leere und Kälte gefühlt habe.
Aber es kann schnell wieder so werden.

Mein Empfinden ist instabil und absolut wetterabhängig. Mein Empfinden ist so nichts aussagend und temporär und gleichzeitig das Intensivste und schlimmste das ich aktuell fühle.

Ich bin durcheinander.

Ich bin nicht zurechnungsfähig.

Ich bin nicht mehr unter Kontrolle.

Ich versinke in ein Loch der Gleichgültigkeit.

Alles was ich tue schadet mir, bringe mich Stück für
Stück dem Tod näher. Ich verliere den Verstand.

Ich weiß nicht mehr, was ich will.

Ich weiß nicht mehr, wer ich bin.

Schon oft habe ich das gedacht und genauso oft habt
ihr diese Worte in einer Art und Weise hier gelesen.

Vielleicht werde ich rückfällig.

Vielleicht habe ich aber auch nur eine harte Erkenntnis.

Vielleicht werde ich den größten Fehler meines Lebens
machen. Vielleicht werde ich mich verlieren.

Vielleicht auch noch mehr. Alles schon passiert.

Replay? - Please don't.

29/09/2019

Was ist, wenn es nicht mehr ausreicht, wenn jemand ein guter Mensch ist? Was ist, wenn du einem Menschen blind vertrauen kannst, es aber dennoch nicht ausreicht?

Was ist, wenn du einer Sache eine Chance geben wolltest, wie immer und es dennoch nicht ausreicht? Man kann das Glück zweier Menschen nicht erzwingen. Manchmal reicht es nicht, wenn beide es wollen.

Manchmal begegnen sich zwei Menschen und sie lernen sich kennen aber lassen sich dabei nicht ausreichend Zeit. Sie überstürzen es, sie verlieren sich in einer Illusion. Eine sehr schöne Illusion.

Aber eine Illusion, ist wie ein Traum und irgendwann wachen wir auf und sind traurig, weil es nur ein Traum war. Was sie gefühlt haben war echt und wunderschön aber von begrenzter Dauer.

Keiner von ihnen wird bereuen sich kennengelernt zu haben, weil sie sich begehrt haben. Aber sie sind nicht füreinander bestimmt. Das Mädchen macht gerade eine schwere Zeit durch, sie hat innere Konflikte mit sich selbst. Sie ist nicht fähig, diese Bindung beizubehalten.

Sie braucht Raum, sie braucht wieder Struktur in ihrem Leben. Sie ist nicht mehr glücklich und das hat vor allem mit ihr selbst zu tun.

Er ist noch jung und unerfahren, aber er hat nichts falsch gemacht, er trägt keine Schuld. Sie waren beide zur falschen Zeit am falschen Ort.

Es sind die kleinen Dinge, die so wichtig sein können.
Die so traurig sein können.
Die so schön sein können. Das Ladekabel, das immer noch für dich bereit ist, erinnert daran, dass du hier zuhause bist oder warst.
Die Gewohnheit wird fehlen, das ist klar.

Du hast deinen Duft in meinem Zimmer verbreitet.

Ich kann nicht sagen, dass ich etwas bereue, weil ich dich von mir weggestoßen habe.
Aber ich kann sagen, dass du mir fehlst und fehlen wirst, wie du mir zugehört hast und mir Wärme gegeben hast.

Vielleicht war es auch ein großer Fehler aber wir werden es nie wissen.
Eins weiß ich, wenn es ein Fehler war werden wir wieder zueinander finden, egal wieviel Zeit vergeht.

Was ist Liebe?
Wenn wir uns gegenseitig so verletzen können. Aber das ist der Punkt, nur ich habe dich verletzt und es tut mir so leid. Ich weiß ganz genau, wie es sich anfühlt.

Jemand packt dein Herz und presst es aus, wie den Saft einer Zitrone. Es ist gewaltsam.

Es ist grausam. Und es ist scheisse, dass ich das
verursacht habe. Aber der Schmerz ist nicht für immer.

Das weiß ich, weil ich für mein Alter schon viel zu oft
da durch gehen musste.
Vielleicht bin ich deswegen so eine innerlich halb tote
Person. So viel Schmerz und Leid nach so viel Freude
und Leidenschaft kann kein Mensch einfach so auf sich
nehmen.
Niemand kann das.

Mit jedem Mal ist etwas in mir gestorben.
Bis irgendwann nichts mehr von mir übriggeblieben ist.

Es wohnt noch jemand in mir, ja aber dieser jemand,
dieses Ich ist müde vom Leben.
Müde von dem Druck sich zu rechtfertigen.
Müde vom allein sein, trotz der Person die scheinbar da
ist. Müde von dem eigenen Egoismus, der
Leichtfertigkeit sich in Dinge zu stürzen und alles
wieder von neu beginnen zu lassen.

My little anxiety

I'm freezing here right now.
It's not like I couldn't have it warm
but it feels like
I can't be warm because I am somehow emotionally
freezing. There are too many people surrounding me
which is stressing me. I hate the noise and I hate the
pressure that I somehow am supposed to talk.
I feel like I'm claustrophobic in a certain way.
This is a situation I am very uncomfortable with.
I hate that so much.

I just want to go home and cuddle with my bed which is
almost the only place where I feel safe.

Songs that fill my heart is the playlist I'm listening to
right now. But do they really fill my heart?
Or are they just tearing me apart?
It feels like they could express the pressure I feel inside
me without any serious reason.
What is it that is wrong with me?

I told a friend I am strange because I'm not able to talk
to every person.
He said I'm not strange.
It's just that each of us has curves and edges.
It isn't possible that each part of our human being can
be even. Although this is everything clear I can't
understand how a human being can be so paradox like I
am.

Cheers to authentic people

In all den Kapiteln, die ich schon geschrieben habe, kann man ganz gut merken, dass ich in Gedanken ein viel besserer und netterer Mensch bin, als ich es im realen bin. Ich glaube deswegen habe ich mich auch dazu entschieden öfter einfach mal gar nichts zu sagen und zu tun, bevor ich etwas sage das dann wieder niemand versteht und wenn doch dann falsch oder es nicht geschätzt wird oder ganz einfach komisch ist.

Ich sehe vieles einfach anders als andere.
Und bin dann ein Freak, weil mir keiner zustimmt.

Ich habe immer gedacht man soll sagen was man denkt, aber oft war es auch einfach nur dumm, wenn ich es getan habe. Menschen wissen nicht was sie wollen. Sagt man was das keiner versteht, oder nachvollziehen kann, ist man komisch.
Sagt man aber gar nichts ist es auch schlecht, weil man introvertiert ist. Was wollt ihr eigentlich von mir?

Ich kann es niemandem von euch recht machen und da ich es oft genug versucht habe und es langsam anstrengend wird, ich mich selbst dadurch verliere, habe ich beschlossen einfach ich selbst zu sein. Was passiert das passiert, ganz einfach.
„If you can't handle me at my worst, you sure as hell don't deserve me at my best."

Cheers.

Write a speech.

Let's think about our identity and how school and globalisation are able to manipulate it acurately.

It is my heartfelt concern to address this speech today, for those who suffer from the loss of identity that is often caused by school.
However, I do not want to disregard the fact that the changes in ourworld, botch technologically and normatively, have a major impact on our identity too.

I do not want to slap you with the facts right now, but I want you to take a moment to wonder if you are yourselves right now, or if it is just the shell that envelops you.

Do you think you are missing something?
Do you feel loved by your circle of friends? Do you even have one in school?
It's no shame if you don't have one.

We are sitting here in the classroom and we don't see it at first glance that some people have lost their identity and we will not even know it ourselves.
We don't see, that there are people who even need medications to get themselves to sleep at night.

Hi by the way.

The school system is making many students sick.
The distance between student and teacher is understood
to be completely exaggerated, which often means that
many teachers lack compassion and understanding
towards students.

However, it is not just the teachers themselves, but also
the state-produced performance pressure.
But of course this is necessary because we live in a
meritocracy and there, our idividual being finally doesn't
matter. Society has gone so far that there are even
people intentionally seeking death: 27 people a day
commit suicide.
Yes, depression can be connected with the school
system.
About 1% of pre-school children and just under 2% of
primary school children and 3-10% of adolescents
between 12-17 years suffer from depression.
What a surprise.
It's just that the bosses in our lifes don't care.

They simply look away, so the problem doesn't exist.

To add another thing: 10% suffer from an acute
exhaustion disorder in form of seperation anxiety,
phobias to certain situations, objects or animals,
socialphobia and generalized anxiety disorder.
Yes, you heard right, that's what psychologists say about
the increasing illnesses, caused by the school system.
Social phobia must not be underrated and eventually is
a loss of identity.

This is not yourself, thinking you would rather be anywhere else alone, or, thinking you couldn't cope with the situation you are stuck in at the moment.

I promise, social phobia makes you lose your mind and your control and limitates your responsibility. The crucial point is, we allow these systems to manipulate us.

Why do we adapt to norms and systems, when we could just be ourselves, during our limited lifetime?
Why are management positions shirking responsibility and closing their eyes rather than facing the problems and finding a solution that not only enables us to survive, but to live?

So, by the way, I don't think anyone will find it healthy to be up to 2 o'clock in the morning to do any work and maybe just have a sleep of 4 hours.

Now we come to the topic of globalisation.
First of all, globalisations is a development that benefits from technical advances in telecommunications and transport technology, but also from the liberalization of world trade.
Goods and capital easily cross borders, prosperity grows, poverty sinks.
So far at least the assumption.

One of the globalisation's dark sides is the exploitation of developing countries but for me, the most important disadvantages are the unfair distribution of wealth and the gap between rich and poor, which becomes even greater. As a consequence, it gets difficult for us, to live up our identity.

A few days ago I made up my mind about this.
I believe, the universe wants us to unfold our mind and use our humanity.
It wants us to take responsibility.
The universe has crafted clever and less clever people to help each other learn cohesion.

That's why today there is the EU.
Whether that's positive or negative, everyone can think for themselves, but that is support, after all, at least one way of doing it.

Money kills our spirit.
Everything is just about money.
A certain price determines our life.
There are certain ways to achieve this sum, with jobs of course.
That is, if you get one.

But imagine, we are sitting here staring at walls because we have no money because we still go to school, have no job and maybe even don't get any pocket money.
Somehow isolated from society.
What do you think about that?

I think money does not have the right to make us so unhappy, especially when it leaves us.
And others who have tons of it celebrate the party of a

lifetime. Of course, they earned it.
But do you remember? We are still sitting here.

We have everything and nothing at the same time.
So, let's keep looking at the walls of the classroom,
right? - No, wrong mindset.

The main problem we have is that we all want to be
accepted and these days, this is really hard when you
have less money than the rest.
Do you get the point?

You want to join people, get some drinks, have fun and
practice hobbies or explore the world.
This is what you do, being yourself.

But not everyone can compete financially and that's why
globalization eliminated identities and money kills our
spirit.

mistakes on repeat

Ich mache sehr oft den Fehler bestimmte Eigenschaften
an Menschen nicht zu schätzen.
Ich verachte sie sogar zunächst, bis mir die Chance
gegeben wird sie so richtig zu vermissen.

Du weißt, dass ich jetzt vor Allem von dir rede.
Ich habe es so vermisst deine Fürsorglichkeit zu spüren,
das Gefühl jemandem,
nein nicht nur jemandem,
sondern dir wichtig zu sein.

Ich möchte wissen, wenn du an mich denkst, wenn du
dir Sorgen um mich machst.
Ob ich gut zuhause angekommen bin und so weiter.

All das habe ich als nervend empfunden, was ich jetzt
überhaupt nicht mehr nachvollziehen kann.

Manchmal braucht man ein paar Tage in Einsamkeit,
um eine Weile lang zu schätzen und zu vermissen was
man eigentlich die ganze Zeit vor sich hatte.

Es tut mir leid, dass ich das gebraucht habe und
vielleicht noch mal brauchen werde.
Aber das hoffe ich nicht.
Nichts davon hast du verdient.

Ein süßer Text

Du wolltest, dass ich dir einen süßen Text schreibe.
Dann bekommst du hier hoffentlich einen süßen Text.

Wir sind jetzt knapp 5 Monate zusammen und es fühlt
sich viel länger an aber vor allem gut.
Du sagst immer ich wäre eine unsichere Person und das
kann sein, weil ich meinen Alltag nicht wirklich gut im
Griff habe.
Aber du gibst mir schon sehr viel Sicherheit, indem du
an meiner Seite bist.

Ich will mich nicht mehr dafür entschuldigen, dass du
dich in ein Mädchen verliebt hast die so einen Sprung in
der Schüssel hat.
Du hast auch einen, auch wenn er nicht so krass ist.
Vielleicht sind wir auf irgendeine Art und Weise
füreinander bestimmt.
Ich glaube an sowas.

Ich glaube daran, dass unser Leben schon in den
Sternen geschrieben steht und ich glaube auch daran,
dass du für mich vorgesehen bist.
Es liegt nur an uns, ob wir es schaffen es in Erfüllung
zu bringen.
Und ich sage dir wir schaffen das.

Es wird Höhen und Tiefen geben aber wir werden uns
immer lieben.
Ich werde dich immer lieben, weil du mein
Seelenverwandter bist.

In den letzten Wochen hat sich unsere Beziehung sehr stark ins positive gewandelt und das macht mich glücklich.
Es macht mich unbesiegbar.
Wenn ich dich habe, habe ich alles.
Mit dir habe ich den Jackpot.

Wir werden zusammen reifen und wachsen und weinen und füreinander kämpfen.

4 Monate, 27 Tage, 15 Stunden, 29 Minuten, 36 Sekunden.
Ich liebe dich mit allem was ich geben kann.

Ich wünschte ich könnte dir alles zurückgeben, was du für mich tust.
Ich weiß, dass ich es eines Tages kann, aber es fühlt sich doof an, wenn ich nicht dieselben Möglichkeiten habe meine Zuneigung auszudrücken, wie du.
Aber so ist das manchmal.
Schwere Zeiten kommen aber sie gehen auch wieder.

Mit dir zusammen sein gibt mir das Gefühl, dass die Zeit stehen bleiben würde.
Wenn ich mich ganz darauf einlasse, dann vergesse ich für einen Moment alles um mich herum.
Alle Sorgen und alle Ängste.
Dann sehe ich nur noch dich und wieviel Liebe ich für dich habe.

Ich kann es kaum abwarten mit dir zusammen eine Wohnung zu suchen und mit dir zu diskutieren wer was und wie einrichten wird.

Ich freue mich auf die Zukunft mit dir.

Ich freue mich wirklich sehr und es gibt keine Worte, es gibt nichts das auch nur ansatzweise ausdrücken könnte wieviel ich für dich empfinde und wie wichtig du mir bist.
Ich liebe dich und ich brauche dich, weil du mir Sicherheit gibst.
Weil du weißt was gut für mich ist.
Weil ich mich bei dir unglaublich wohl fühle.
Bei dir habe ich das Gefühl eine Prinzessin zu sein, auch wenn ich keine bin.

Du bist das Beste für mich.
Sollte ich irgendwann was anderes behaupten dann kneif mich.
Sollte ich dich von mir wegstoßen, erneut, dann gebe ich dir meine Erlaubnis mich gegen meinen Willen festzuhalten.

Ich weiß, es wird vorbei gehen.
Ich weiß, egal was passiert, meine Liebe für dich wird immer irgendwo sein.
Und ja, ich habe wieder sehr oft das Wort immer gesagt.
Ich will, dass es ein immer ist.
Ich will dich.
Ich will uns, mit guten und mit schlechten Zeiten.

Ich bin gebrochen

Vielleicht bin ich mir selbst egal.
In meinem Leben wollte ich immer allein sein.

Es strengte mich an einen Dialog zu führen, tut es auch
aktuell noch.

Je nach Person.

Es laugte mich aus, dass ich anders war.

Das tut es auch heute.

Ich musste mich nie mit den anderen messen, welche
Note ich hatte oder welche Serie ich innerhalb einer
bestimmten Zeit durchgucken konnte.

Ich musste und wollte mich nie mit den anderen
messen.

Obwohl ich mehr hatte und mehr wusste, als manche.

Ich war immer allein mit dem was ich tat.

Ich gesellte mich zu den Außenseitern, zu denen die
gemobbt und ausgelacht wurden.

Sie haben mich mitgerissen. Auf einmal war ich lesbisch, weil ich immer mit dem gleichen Mädchen in den Pausen zu sehen war.

-Nein, war und bin ich nicht.

Sie war und ist vielleicht heute noch die einzige Freundin, der ich wirklich vertraue und für die ich alles tun würde.

Leider ist sie nicht mehr auf meiner Schule und unsere Wege haben sich ziemlich weit getrennt aber nicht gänzlich.

Heute habe ich auch nur eine Freundin in der Schule, der ich noch mehr anvertraut habe, als ihr.

Aber auch sie kapselt sich von mir ab, indem sie sich anderen anvertraut und mir so gut wie gar nicht.

Es ist traurig, dass ich in meinem gesamten Leben 4 beste Freundinnen hatte, aber ich war niemals die ihre.

Es macht mich traurig und lässt mich an mir zweifeln.

Es bringt mich dazu, zu denken, dass mich niemand braucht.

Und wenn ich ganz ehrlich bin, braucht mich auch niemand wirklich. Jeder, den ich kenne, hat außer mir noch jemand anderen, dem er vertraut.

Aber ich habe das nicht. Ich bin angewiesen auf sehr wenige Personen, aber sie sind nicht auf mich angewiesen. Eine einseitige Abhängigkeit.

Ich hasse mich selbst.

Ich bestrafe mich selbst dafür,

dass mich keiner wichtig in seinem Leben findet.

Ich gebe mir die Schuld dafür,

dass alle meine „besten Freundinnen" meine Gefühle nicht erwiderten.

Deswegen ist mir mein Leben wahrscheinlich auch so scheiß egal, weil ich niemanden habe, mit dem ich meine Freude teilen kann, wenn ich meinen Freund nicht hätte.
Aber wenn er nicht wäre...

Darüber möchte ich nicht nachdenken.

Ich hasse mein Leben.

Ich habe alles aber auch nichts.

Ich fühle alles aber auch nichts.

Ich will alles aber auch nichts.

Ich will leben aber auch nicht.
Es ist mir egal, dass ich mich jeden Tag ein bisschen
umbringe, indem ich mal 5mg und mal 20mg Nikotin
per Juul rauche.

Es ist mir egal, dass ich Jobs fallen lasse, weil ich einen
Nervenzusammenbruch habe. Es ist mir egal, dass ich
Serien mit dem Thema Suizid und Einsamkeit
gucke, die mich triggern.

Es ist mir egal, dass ich hin und wieder meine
Gehirnzellen mit Alkohol vernichte. Vielleicht bin ich
mir selbst egal.
An Tagen wie diesen, an denen ich völlig allein bin und
Gedanken an eine Überdosis habe, an Tagen wie diesen
sind es nur wenige Menschen, wegen denen ich es nicht
übers Herz bringe.

Ich hasse es, solche Gedanken zu haben, wenn ich allein
bin, deshalb hasse ich es allein zu sein. Heute bin ich
den ganzen scheiß Tag allein.

Ein scheiß Tag, an dem ich wieder nur weinen
kann, weil ich so lächerlich bin. Weil ich so verdammt
unwichtig bin.

Ich kann nur weinen, weil ich so viel für Menschen
aufgeben würde, weil ich immer und ausnahmslos für

sie da sein würde aber nur einer würde das auch für mich tun.

Mein Freund, und ich bin dankbar dafür!

Aber sonst. Sonst keiner.
Ihr seid so verdammt blöd, ehrlich...

Safe place

For some people,
family is defined by their parents.

My definition of family is not defined because it
constantly changes.

On some days, I call my friends to be my family
which is supposed to give me support.

On other days, my parents really behave like a general
family. Sometimes they are successful in comforting me
and giving ne strength.

But who I like to call being my family the most,
is my boyfriend. He is my biggest support.

My only warmth. The best safe place and home in a
person. This was just another text where I wanted you
to tell how thankful I am that you choose to love me
and how much I do love you too.

Rauf und runter.

Gute Laune, schlechte Laune.

Keine Laune?

Ich fühle das Leben.

Ich sprühe vor lauter Energie und Weiblichkeit.

Ich fühle mich wohl in meiner Haut.

Ich kenne meine Qualitäten.

Ich bin zufrieden mit dem, was ich habe.

1 Satz von dem obigen Abschnitt ist wahr.

Ich kenne meine Qualitäten. Vermutlich ist es auch der entscheidende Satz für meinen aktuellen vibe.

Ich bin gut, weil ich echt bin.

Ich verstecke nicht, wer ich bin, vor niemandem.

Man muss nur die richtigen Fragen stellen und ich bin ein offenes Buch. Und wisst ihr was? -

In dieser Phase denke ich mir: I don't give a fuck!

I'm fucking proud of my person.

Es mag oft schlecht sein, dass ich ein offenes Buch sein kann, dennoch bin ich der Meinung, dass Karma Ehrlichkeit schätzen wird. Und die, die meine Ehrlichkeit missbrauchen, an die sei ein herzliches fuck you gerichtet. Fuck you!

Alles, was passiert, soll so passieren.

Alles, was passiert, hat eine Bedeutung und einen tieferen Sinn.

Nicht alles was passiert, darf außer Kontrolle geraten.

Aber was passiert, kann niemand kontrollieren.

So, who the fuck cares? Es kann nicht immer alles gut gehen. Was wir aber kontrollieren können und sollten, ist, dass wir uns selbst treu bleiben.

No matter what. Und wer damit nicht klarkommt, der soll und muss es auch nicht.

Liebe die, die dich lieben und verachte die, die dich verachten.

Entgegne Liebe mit Liebe und Hass mit Gleichgültigkeit und Ignoranz.

Warum entgegnet man Hass nicht mit Hass?

- Hass ist ein kräftiges Wort.

Hass ist hässlich. Hass ist viel zu anstrengend.

Spare deine Energie.

Deinen Hass, hat niemand verdient.

Und du hast auch keinen Hass von anderen verdient.

Hass ist etwas, das auf dieser Erde nicht stattfinden dürfte. Hass ist etwas, was der Mensch verlernt hat zu kontrollieren.

Gleichgültigkeit ist oft die bessere Wahl.

Aber sei dir selbst niemals gleichgültig.

Und wenn es dann doch mal passiert, dass du dir denkst scheiss auf mich, dann denke darüber nach, was du an

Gutem in anderen hervorrufst.

Denke daran, was du bereit bist, für andere zu tun.

Und dann denke daran, dass du froh wärst, dein eigener
Freund zu sein. Du würdest dich glücklich schätzen,
jemandem wie dir zu begegnen.

Sei zu dir selbst genauso gut, wie zu denen die du
liebst.

Abseits der Realität

Obwohl ich morgen die 2/3 Englisch Klausuren
schreibe, schreibe ich lieber hier meine Gedanken
nieder.
Denn ich denke, dass es wichtiger ist.
Ich kann ohnehin keinen klaren Gedanken über
Shakespeare fassen, da verstehe ich mein eigenes Leben
sogar mehr.

Hier bin ich also wieder, um von einem wunderbaren
Abend zu erzählen, das heißt eher gesagt, von einer
wunderbaren Nacht. Obwohl ich im Grunde
genommen ein recht trauriger, melancholischer Mensch
bin, hatte ich in der Nacht des 15. Novembers eine
Explosion des Glücks in meinem Körper.

Es war meine Vorabiparty in der Klangfabrik, wo ich
mit meinen liebsten Menschen war. Es hat mich so sehr
gefreut wie sich alle verstanden haben und wir nach und
nach, mit steigendem Alkoholpegel, einfach nur Spaß
hatten und das Negative aus uns rausgetanzt haben.

Aus diesem Grund liebe ich das.

Wenn für diesen einen Moment, diese eine Nacht, das
Leben, das man führt bei Seite gelegt wird, um
tatsächlich den wahrhaftigen Moment zu leben.

Das ist der Wahnsinn. Der Schweiß kommt aus allen
Poren, das Herz pulsiert durch jede Ader, die Luft wird

knapp und die Sicht schwindelig. Aber das ist völlig egal, denn das ist die Nacht in der alles wunderbar ist.

Dem bin ich herzlich dankbar, der das mit mir teilen möchte.

Poem with meaning

Oh, how beautiful it is
Our nature, the precious
Each day it excites me
The existence of colors, the ability

Even though I don't like the grey,
the rough, it reminds me of their
Influence on my mood,
Splitting me into parts like wood

The resulting melancholy inside
Is driving me crazy
That's why I cried,
not because I'm lazy

I seriously can't cope,
With the expanding pressure
I may often lose my hope,
So my soul will need some refresher

- me

14/12/19

Das Jahr hat noch 17 Tage und du, meine letzte Oma, bist jetzt seit einem Jahr tot.

Wie schnell das Jahr wieder verflogen ist. Passend zu deinem Todestag habe ich mir heute mein erstes Piercing stechen lassen, nämlich einen Helix.

Ich bin so glücklich darüber, weil ich mich endlich einer Sache gestellt habe. Normalerweise laufe ich vor allem weg, was schmerzhaft ist oder mir schwerfällt aber mit meinem Freund habe ich es geschafft, nicht davor wegzulaufen und das ist ein sehr schönes Gefühl.

Trotzdem bereitet mir Weihnachten dieses Jahr echt einen krassen Druck. Es ist Tradition Kekse zu backen, weshalb ich mir jetzt vorgenommen habe jeden Sonntag welche zu backen.

Genauso ist es Tradition, jede Woche am besten auf einen Weihnachtsmarkt zu gehen. Bisher war ich nur ein einziges Mal auf einem und das war stressig, weil ich es nicht richtig genießen konnte, aufgrund von Zeitdruck.

Dadurch, dass es meinem Vater in letzter Zeit nicht so gut ging, waren wir zusammen noch gar nicht auf einem Weihnachtsmarkt, was mich wirklich traurig macht.

Manchmal habe ich das Gefühl, dass ich sogar deswegen weinen könnte, weil es dieses Jahr so anders ist, so einsam. Obwohl Weihnachten Beisammensein bedeutet.

Ich liebe Weihnachten, für mich ist es neben dem Sommer die schönste Zeit im Jahr. Glühwein, Kekse, Weihnachtslieder, Geschenke planen, Lichterketten und geschmückte Bäume – ist das nicht wunderbar?

Niemals lasse ich mir die Freude an Weihnachten von jemandem nehmen, niemals. Wenn ich schon so wenig Freude am Leben habe, dann soll mir doch wenigstens diese Dosis gegönnt sein.

Freude an Weihnachten, Freude am Leben, Freude empfinde ich nur noch mit dir, kaum noch allein. Hoffentlich bleibst du mir auch im nächsten Jahr, mein Schatz.

why are we two-faced?

Why are we two-faced? Why are some whithout a face?

Sag mir, warum hast du zwei Gesichter? Reicht eins
nicht?

Wären wir dann nicht eher Chamäleons geworden?
Entscheidet euch für eine Person, die ihr sein wollt,
zeigt Loyalität und Zuverlässigkeit.

Es bringt nichts andere und dich selbst zu verarschen.
Sei nicht einseitig aber sei echt. Spiele kein Spiel mit den
anderen und dir selbst. Verwirre nicht das
Gleichgewicht zwischen Gut und Böse.

Be you, be real, be honest.

Es ist traurig, dass man sich heutzutage nicht mehr
sicher sein kann was Sache ist. Ständig wechseln wir
unsere Gesichter und verletzen uns gegenseitig.

Ein fester Entschluss muss her.
Werde dir bewusst: Wer will ich sein? Wie will ich sein?
Wie will ich, dass andere zu mir sind?

Es muss aufhören, dass wir immer mehr an
Zuverlässigkeit verlieren.

Es muss aufhören, dass wir zueinander unberechenbar sind. Es muss aufhören, dass wir mit dem Befinden anderer Menschen spielen.

Es muss aufhören, dass wir die Abhängigkeit unserer Freunde missachten oder ausnutzen. Es kann nicht sein, dass wir immer und immer zu, unser eigenes Wohl in Vordergrund stellen. Es kann nicht sein, dass wir nicht kompromissfähig sind. Es kann nicht sein, dass ein Mensch leiden muss, damit andere kriegen was sie wollen.

Es kann nicht sein, dass echte, wahre, authentische Menschen in diesem Meer von Doppelgesichtern keinen Durchblick finden.

Warum tun wir uns das an?
Wer hat damit angefangen die Richtigkeit eines nicht verstellten Menschen anzuzweifeln?

Wer hat sich das Recht genommen, die Menschlichkeit dermaßen zu zerstören?

Und wer macht das alles mit und unterwirft sich dem System? – Wir alle. Jeder einzelne von uns.

Wir sollten uns schämen dafür.
Wie viele Personalausweise bräuchtest du, für die Menge an Gesichtern, die du vermeintlich hast?

Jeden Tag aufs Neue. Each day the same.

Es hat in meinem Leben mehrere Tage gegeben, die mich die schlimmsten Dinge haben fühlen lassen.

Ich hatte mit meinem Leben schon lange zuvor abgeschlossen, denn ich hatte es aufgegeben. Ich habe aufgehört mir Ziele zu setzen, ging antriebslos durchs Leben. Dann gab es hin und wieder frischen Wind in meinem Leben, sodass es besser wurde. Doch diese Zeit war niemals lang genug.

Irgendwann kommt wieder dieser Wendepunkt in meinem Leben, wo ich feststellen muss, dass ich allein bin. Dass niemand von mir abhängig ist. Dass niemand jemals, meine Gefühle erwidern wird, zumindest nicht in dem Ausmaß.

Ich fühle mich nackt.

Ich fühle mich, als hätte ich mich vor vielen Menschen ausgezogen, um im Anschluss an die Straße geschickt zu werden.

Ich fühle mich, als würde ich gegen eine Glaskuppel schreien, jedes Mal aufs Neue und doch werde ich niemals verstanden.

Ich schreie und schreie weiter auf diese Glaskuppel ein und es sehen durchaus Menschen, dass ich etwas sagen möchte, sie können es nur nicht deuten.

Ich ertrage es nicht mehr. Ich ertrage es nicht, immer und immerzu enttäuscht zu werden.

Ich ertrage es nicht, dass ich nicht aufhöre selbst eine Enttäuschung für mich und meine Eltern zu sein.
Ich sage immer die falschen Dinge und kann nicht ausdrücken was ich fühle. Ich bin hoffnungslos auf der Suche nach Verständnis.

Ein Verständnis, das es vielleicht gar nicht in der Form für mich gibt. Während ich danach suche, sterbe ich jeden Tag ein wenig. Nach und nach sterben alle Teile in mir ab. Alle Teile die noch irgendwie zu retten wären.

Ich bin hoffnungslos nackt.

Ich bin nackt, ich zittere, ich friere und ich habe Angst und koche gleichzeitig vor Wut auf diese Welt und Hass auf mich selbst.

Es fühlt sich an als würde das Leben meine Seele packen und Stück für Stück einen Bestandteil abreißen und in die Hölle schmeißen.
Ich habe mich noch nie so unerwünscht gefühlt. So unwichtig und still und unscheinbar.

Ich hasse mich selbst und ich hasse dieses Leben.
Ich habe so viel Hass, auf diesen Umgang dieser

Menschen mit mir und miteinander.

Ich habe so viel Frust, Teil dieser Gesellschaft sein zu müssen. Einer Gesellschaft, in der alle egoistisch sind und die Augen vor schlimmen Dingen verschließen.

Einer Gesellschaft, die nur sieht, was sie sehen möchte. Die Gesellschaft, die diese Nacktheit, die nicht nur ich, sondern auch viele andere kennen, schamlos ausnutzt.

Frohes neues Jahr übrigens.

Es ist jetzt der 02/01/20 und es fühlt sich fast an wie ein Science-Fiction Film.

Als ich jünger war habe ich mir vorgestellt, dass in den 20er Jahren nur noch Roboter die Straßen beherrschen würden. Alles wäre kalt und blau und irgendwie ungemütlich.

Aber so ist es ja irgendwie auch, nur sind es nicht wir Menschen, die so viel Aluminium um uns herumtragen, sondern unsere Autos. Aber die gehören ja auch irgendwie zu unserem Verdienst. Naja, worauf ich eigentlich hinaus möchte, mein Rutsch in dieses Jahr war schön.

Natürlich bin ich nicht allein gerutscht, sondern mit den Familien von mir und meinem Freund – ja, nur Esel nennen sich zuerst. Wir sind teuer, also für über 100Euro essen gewesen und anschließend gab es eine Party in der zugehörigen Scheune, wobei diese nicht wirklich partymäßig war, weil alle außer meinem Freund und mir 50+ Jahre alt waren und die Musik dementsprechend.

Trotzdem war es sehr schön und fühlte sich richtig an. Vielleicht ist es ja dieses Jahr zum ersten Mal so, dass ich das Jahr mit demselben Menschen beginne und beende. Und vielleicht weitere Jahre.

Heute hat mehr oder weniger der Ernst des Lebens wieder begonnen, ich habe mir erneut einen Job gesucht, im Krankenhaus. Das war auch bitter nötig, weil ich Mühe habe meine Schulden auf meinem Konto auszugleichen, was ich mir eigentlich nicht leisten kann, weil ich ja kein Rockstar oder so bin. Schade aber auch. Auf jeden Fall war mein erster Arbeitstag als Serviceunterstützung sehr nett.

Auch wenn man sich vieles merken muss, zum Beispiel, dass man für fast jedes Teil was man im Zimmer eines Patienten desinfiziert ein neues Desinfektionstuch nehmen muss. Danach hatte ich, für meine Verhältnisse, sehr gute Laune. Ich habe gekocht und mein Weihnachtsgeld zur Bank gebracht und fühlte mich insgesamt sehr produktiv.

Ich war also um 13 Uhr etwa zu Hause und dann wusste ich natürlich nicht mehr was ich tun soll.

Ich fing also random an irgendwelche Youtube Videos zu gucken, bis ich auf dieses gestoßen bin: „Die traurige Wahrheit über Billie Eilish" und es hat mich sehr getriggert.

Es war einfach wundervoll, zu hören wieviel sie von sich preisgibt. Ihr Typ oder ihr Charakter spricht mich an und ich kann mich unfassbar gut mit ihr identifizieren.

Seit sie sagte, dass sie sich selbst hasst und wie sie auf die Covers ihrer Songs von Fans reagierte, wie allein sie sich trotz ihrem guten Leben fühlte, war sie mir direkt mehr als sympathisch.

Ich wünschte ich könnte mich auch so gut ausleben, mit allem was ich tue ausdrücken, wie sie.

Happy 2020

Auf ein Neues sitze ich hier mit den Kopfhörern im
Ohr, in der Schule im Aufenthaltsraum voller
Menschen, nur ich bin kein Teil davon.
Ich gehöre nicht dazu.
Niemals.

Wenn du also entscheidest nicht beim Schulsport
mitzumachen, dann werde ich das auch nicht.
Weil ich mir die Situation ersparen möchte, bei der
Teambildung übrig zu bleiben, weil ich keine Ultra
Sportskanone bin und außer die niemanden habe, der
mich wahrnimmt.

Ich werde immer der Außenseiter bleiben, von allen
missachtet und wie Luft behandelt, obwohl ich nie
jemandem etwas getan habe. Gleichzeitig fühle ich mich
unwohl mit Menschen zusammen.
Du bist einzig und allein der Mensch, bei dem ich sein
kann, wie ich bin. Und ich weiß nicht, wie oft ich das
noch wiederholen soll.

Ich bin müde. Jede Nacht schlafe ich nicht genug, weil
ich nachts nicht früh genug müde werde und mich nicht
zum Schlafen zwingen kann.
Ich sehe es auch nicht ein morgens aufzustehen, zur
Schule zu gehen, zu essen, Hausaufgaben zu machen
und wieder schlafen zu gehen, ohne den Tag sinnvoll
und mit Wert genutzt zu haben, nur um am nächsten
Tag dasselbe zu wiederholen.

Das deutsche Bildungssystem ist einfach eine kranke Zumutung mit der nur Psychopathen klarkommen, die keine Träume oder Ziele im Leben haben, sondern einfach nur monoton da reinpassen wollen.

Es macht mich sauer.
Ich weiß auch hier nicht, wie oft ich das noch wiederholen soll.

Für mich ist das Jahr 2020 also keineswegs happy.
Ich hoffe immer noch, es ändert sich im Mai, wenn ich mein Abi habe, (egal wie gut oder schlecht es wird) hier nie wieder hin gehen muss.

(Un-)Sterblichkeit

Begrenztes Leben oder unbegrenztes Leben?
Die Entscheidung wird uns keiner nehmen.
Wollen wir ein Ziel?
Oder fürchten wir zu viel?

Werden wir Langeweile haben,
Werden uns komplexe Themen plagen?
Wollen wir dem Leben Wert geben
Und wollen wir nach Zielen streben?

Vielleicht doch lieber alles offenlassen,
Und keine Möglichkeit verpassen?
Hat ein endloses Leben Sinn?
Oder wird man fragen, warum ich hier bin?

Ein Ende kann Erlösung heißen,
Die Hinterbliebenen aber, wird es auseinanderreißen.
Ohne den Tod würde niemand darunter leiden,
Aber lässt es sich vermeiden?

Was ich bevorzuge kann ich nicht beantworten,
Diese Frage ist schwer,
Deshalb hat nur Gott oder so, das zu verantworten.

Es gibt keine Entscheidung,
Das Leben hat ein Ende,
Aber ich sehe es als Befreiung.

Unsterbliches Leben bedeutet Sorgen,
Sorgen jeden Tag, für immer.
Immer wieder aufs Neue, Verantwortung für morgen.

Man kann nicht sagen,
Dass ohne Tod alles egal wird.
Man wird sich weiterhin alles fragen.

Jeden Tag der Druck besser zu sein,
Das bedeutet Stress für mich,
Darum würd' ich lieber wein'
Du um mich und ich um dich.

poem

All of you make me feel so sad
Like I should doubt myself,
Though, I know I'm not bad,
Maybe you should question thyself

Ups and downs drive me insane,
I'm all alone, my lungs filled with water
I never did you wrong, though I feel pain,
Feeling exhausted for being someone's daughter

Challenging and torturing my soul,
Like sickness eats me up,
I'm slowly letting go of my control,
My body's blood dripping into a cup

No one cares if there's a soul in my body,
Mind your own business
More sensitive feelings could have a Bugatti

school poetry

These yellow walls
To her are prison
Out of the window she falls
- just a dream that isn't

She takes care of her appearance
her inner place a rollercoaster
Maybe others can see her brilliance
Who will give her a warm shoulder

In times she will cry
Though everything is good
Looking for ways to get high
That life hurts, she understood

Ich habe meine Stimmungsschwankungen und phasenweise Depressionen auf meine Pille zurückgeführt, da ich sie jetzt gewechselt habe und die Gefühle zwar weniger intensiv aber immer noch da sind, sind sie real.

Meine Mutter, die Schule und andere Dinge sind häufig der Auslöser dafür.

Ich wollte immer unabhängig sein und mein Leben in den Griff bekommen, solange ich aber zuhause wohne und zur Schule gehe kann ich das nicht.
Man soll zwar das Glück im hier und jetzt sehen aber für mich ist es einfach nicht präsent, so wie es jetzt ist.

Deshalb fuck you, for fucking my life up.

Ich möchte mir nicht von anderen das Gefühl geben lassen, dass ich so wie ich bin nicht gut bin, aber ich kann nicht anders.
Es tut mir weh und es zerreißt mich, weil ich nun einmal nicht ändern kann, wie ich bin.

Ich kann mir nicht aussuchen ob es mir gut oder schlecht geht, begreift es doch endlich.

Ich spüre von dieser Welt nur Kälte und Abstoßung.
Nur die Sonne meint es gut mit mir.
Nur sie erweckt in mir ein Gefühl von Geborgenheit.
Die Sonne und wenige Menschen um mich herum tun mir gut.
Genau so tut es mir gut, die Lieder von Billie Eilish zu

hören, weil sie mich beruhigen und eine Art Verständnis mir gegenüber darstellen.

Diese Lieder haben einen speziellen Draht zu mir den ich gar nicht erklären kann.

Während andere die Schulzeit als beste Zeit ansehen und Freundschaften schließen, ist es für mich die schlimmste Zeit und es wird mit Sicherheit nichts schlimmeres mehr kommen als das.

Ich habe mein Leben vom ersten Schultag an nur gehasst und hasse es immer noch.

Es macht mich krank.

Ich brauche Schlaf und ich brauche Erholung und ein besseres Work-Life Balance.

Ich brauche Menschen die mich als Mensch ansehen und nicht als Produkt das Leistung zeigen muss.

Ich möchte nicht mein Leben lang objektiv angesehen werden und ich möchte nicht auf meine Reaktionen in bestimmten Situationen angesprochen werden, als würde es sich nicht gehören.

Menschen reagieren nicht perfekt.

Sie reagieren mit Emotionen und impulsiv.

Lasst mich doch einfach ein Mensch sein.

Sonnet Feb

The words I wanna use
Many people won't understand
And I know there's no excuse
For my thoughts to be damned

I feel haunted by the devil
He who takes away my oxygen
And increases my sea level
I wanna shout but I speak occitan

Who can safe me from the dark?
In times where I feel chained
I'm easy food for the sharks
And again they gained, leaving me pained

Oh, my love, where are you with my rescue?
Take away the dark, so I won't end as the sharks menu.

Their toxic laugh

Their toxic laugh
Is it real, or isn't it?
A sound that makes me rough
Please shut it, please let it

But why do I react this way?
When all you do is to live your life
It seems so easy, every other day
Doesn't change that your voices knife,
- it hits me.

Whether it's about me or not,
It feels like you deny all of me
And I don't get why, my heart knocks
I Didn't anything, I exist and breathe

More peaceful

I wish I could write something,
More Peaceful and beautiful
But my mind is full of nothing,
Just dark, heavy and grey

Beautiful is our nature, life is heavy
What I talk about, know many
When you grow older you start to wilt
But no worries-
There's no need to feel guilt

Sun's energy

While we have our duties
We miss the sunny hours
Can't smell the pretty flowers
In a while it hides in our memories

Born to live but forced to adapt
How should we appreciate life?
When all the good things do is hide
Is the right way marked in a map?

I love the sun and how it shines
It lights me up when I need it most
Without the sun I feel like a ghost
need her energy in more recent times

Life hurts me

Life hurts me
´Cause breathing isn't enough
It's more than to be -
Human Expectations are rough

Acceptance and respect,
You won't get by being kind
It needs time to reflect
That it's not about your mind

What Corona does to us

Corona is the first crisis I live through,
I'm not proud.
I'm really sad about it.
Corona ruined MY YEAR.
I finished high school, but I'm not allowed to go to
prom. No parties, nothing.

It's a shame how the class in which I used to be before
is provoking us with pictures and videos from their
prom and so on. I wanna say I hate this year because it
already has hurt me so much.
It crashed me into pieces.
But I am slowly recovering because as we all know,
everything has to end.

But still, this year is far from ending and the situation
gives me a vibe like I'm disappearing in slowmotion.
It's just so horrible to me that I can't describe.

During this time, I learned to appreciate the little things
so much more.
Wear a nice outfit and then going out with my family to
have a nice time.
Go to gym and grocery shopping without the mask in
my face that makes breathing much harder.
Go to vacation and see my second home, spain.
I believe this hurts me the most.
I love my home in spain so much.
Everytime I'm there I feel so free and released.

It is such a blessing to wake up and to be able to have breakfast with a view at the sea. Afterwards doing some yoga while the sun lightly burns my skin.
Go for a walk and enjoy the palmtrees growing around. There's just SO much that I would be missing this year if I don't get to go there.
And of course, I know everyone wants to go to vacation, but this is not just wanting to go there.
It is like a part from me, is only alive when I'm there and when I'm not there this part of me is dark.
And now I lost my words.

10.06.2020

Oh hi, da hat sich wohl jemand wieder lange nicht mehr gemeldet. Es hat sich SO viel verändert seit ich zum letzten Mal geschrieben habe.

Wie aus dem Nichts tauchte eine krisenwürdige Krankheit namens Corona auf und wir hatten unwissentlich am 18.03 etwa unseren allerletzten Schultag für immer. Ich wusste nicht, wie ich mich fühlen sollte.

Sicherheitshalber nahm ich alle meine Sachen aus meinem Schließfach mit, falls es stimmen sollte. Ich wusste nicht, ob ich mich freuen sollte, da die Schule für mich die Hölle war oder ob ich traurig sein sollte, da ich keinen Abiball und sonstige Partys erleben würde.

Und dann war es wirklich so.

Jetzt sitze ich hier einige Monate später, meine Prüfungen hinter mir und habe mein Abitur. Der Schnitt gefällt mir nicht sonderlich, trotz all dem Stress aber Hauptsache ich habe bestanden.

Inzwischen bin ich auch schon 1 Jahr mit meinem Freund zusammen, es scheint also etwas handfestes zu sein. Ich habe jetzt endlich die Schule hinter mir gelassen.

Und was nun?

Ich weiß nicht was ich fühlen soll, Freude oder eher Trauer. Ich weiß auch nicht ob ich glücklich bin, denn jetzt kann ich zwar mein Leben in die Hand nehmen, nach meinen Vorstellungen, aber ich habe Zukunftsängste.

Heute Nacht habe ich sogar geträumt, dass ich sterben würde. Ich bin erstickt. Es war furchtbar.

Egal wie oft ich mir wünschte zu sterben, jetzt habe ich Angst zu sterben. Jetzt wo alles gut werden kann, wo alles sich dem Schönen zu wenden wird.

Es ging alles so plötzlich. Aber es ist gut so.

Ich muss diese Zeit hinter mir lassen, weil sie mich innerlich zerfetzt hat, sodass ich jetzt erstmal herausfinden muss wer ich sein möchte. Und dazu habe ich jetzt jede Freiheit, die ich brauche.

Es passieren sehr komische Dinge in letzter Zeit.

Vor paar Tagen habe ich geträumt, dass ich meine absolute Lieblings-Youtuberin Ema Louise getroffen hätte. Dann gab es einen Vorfall zwischen meinem Freund und mir, naja was heißt Vorfall, eher Missverständnis und das hat mich paar Tage durcheinandergeworfen und mir wurde schlecht, weil ich dachte, dass ich ihm nicht mehr gut genug war.

Aber man vertraut sich eben in einer Beziehung.

Das muss ich auch noch lernen, denn in jeder Beziehung, die ich hatte, fiel es mir superschwer.

Noch heute glaube ich nicht an Freundschaft zwischen Mann und Frau, also ich glaube nicht daran, dass nicht irgendwann einer davon Gefühle entwickeln würde.

Naja, gestern Nacht hat sich mein Ex auf einmal gemeldet, obwohl er eine Freundin hat. Das hat mich Sauer gemacht, weil er besoffen war und sie mir leidgetan hat. Er hatte sicherlich nur Langeweile, aber ich bin ein Mensch, auf den man sich nach langer Zeit noch verlassen kann, wenn irgendwas sein sollte. Ich wusste eben nicht, ob was war. Ist ja auch egal, ich wollte die die es interessiert nochmal updaten.

Auf jeden Fall geht es mir mental aktuell ganz gut, immerhin möchte ich gerade nicht sterben. Haha.

Ich plane meine Zukunft, bewerbe mich auf duale Studiengänge was auch ein wenig herausfordernd ist, aber das muss eben sein. Es ist jetzt ein Monat zwischen der Schule und jetzt.

Es hat SO gut getan davon weg zu kommen. Vielleicht bekommt ihr meine mentale Entwicklung hier ja auch etwas mit. Ich fühle mich wesentlich befreiter und insgesamt besser.

Trotzdem wird mir jetzt auf Dauer langweilig, weil mein Freund unter der Woche arbeitet und ich halt zu Hause sitze.

Ich arbeite aber immerhin am Wochenende im Krankenhaus und verteile dort Essen und sowas.

Vor paar Tagen war ich im Gym und habe mich gewogen. Holy moly, in Corona habe ich einfach 9kg zugenommen. Ich achte jetzt mehr auf mein Essensverhalten, bewege mich mehr und gehe zum Sport.

Ich denke das wird auch nochmal dazu beitragen, dass ich mich mental noch besser fühlen werde.

Ich freue mich auf die Zukunft.

Über den 05.09.

Hallo, gestern ist ein höchst interessanter Tag bzw. Abend gewesen. Zuerst hatte ich keine Lust auf diesen Tag.

War aber klar, weil ich auf neue Leute getroffen bin.

Um auf den Punkt zu kommen, ein Freund von meinem Freund der Kevin heißt hatte Geburtstag und ist 26 Jahre alt geworden. Ihn kannte ich schon von einem anderen Treffen.

Seine Freundin Jessica ist auch dort gewesen und die anderen beiden kannte ich zu dem Zeitpunkt noch nicht. Da waren also noch eine Elena und ein Daniel, die waren mir zuerst so gar nicht sympathisch.

Wir waren Bowling spielen, da war die Atmosphäre ein wenig verkrampft, trotz der Cocktails. Später sind wir zu Kevin nach Hause gefahren und die Party ging weiter. Die hatten dort zwei superhübsche Kater, mit denen wir gekuschelt haben, die heißen Moji und Handó (ich hoffe ich schreibe die Namen hier richtig).

Es entwickelte sich doch noch zu einem gelungenen Abend, denn die Gespräche wurden immer tiefgründiger und alkoholisierter.

Das mag ich an Alkohol, dass man Hemmungen verliert und einfach sagt was man gerade in seinem Kopf hat.

Wir haben zum Beispiel diskutiert, ob ein so genannter „Harem" dazu in der Lage ist seine vielen Frauen tatsächlich zu lieben. Die Meinungen gingen auseinander, da das Thema Liebe auch sehr individuell ist. Es hat mir aber total Spaß gemacht, zu hören wie andere über solche Themen denken und reden und mindestens genau so viel Freude empfinde ich, wenn ich selbst meine Gedanken dazu aussprechen kann. Deswegen passt es auch wahrscheinlich sehr gut zu mir, dass ich im November mein Philosophie Studium mit Begleitfach Englisch, anfängt.

Ich freue mich schon sehr, dort hoffentlich noch viel mehr philosophische Gespräche beziehungsweise Diskussionen zu führen.

Letztens in der Nacht hatte ich so starke Schmerzen unter der linken Schulter, dass ich am liebsten hätte weinen wollen. Ich verstehe diesen Schmerz nicht, er kehrt diesen Monat Woche für Woche wieder.

Ein Herzinfarkt war es nicht, mein Arzt sagte mein Herz sei fit. Ich habe es mit einer Wärmflasche und Schmerztabletten versucht aushaltbarer zu machen, aber es fiel mir so unfassbar schwer damit einzuschlafen, weil ich nicht auf der linken Seite liegen konnte denn dann hat sich der Schmerz über den ganzen Brustkorb gezogen. In dieser Nacht habe ich mich daran erinnert, dass ich physischen Schmerz immer als weniger schlimm empfunden habe als den psychischen Schmerz.

Es war ein wirklich schlimmer Schmerz und besonders, weil er immer wiederkehrt, erinnert er mich an mein Leiden zu meiner Schulzeit das ebenfalls immer wiederkehrte. Dennoch muss ich sagen, dass ich den physischen Schmerz besser ertragen kann, weil niemand Schuld daran hat.

Insgeheim wünschte ich mir, dass ich eine Krankheit hätte, obwohl das total dumm von mir ist. Aber es fehlt mir, dass sich jemand um mich sorgt und das Gefühl wird umso mehr verstärkt dadurch, dass ich nicht viele habe denen ich vertrauen kann.

Ich habe ja auch eine Krankheit, die eventuell nicht für immer bleiben muss, meine Schilddrüsenüberfunktion, die als Symptom eine schnelle Herzfrequenz hat und, dass man schlagartig an Gewicht abnimmt, aber das ist bei mir so gar nicht der Fall, eher im Gegenteil.

Aber es ist nicht ernst und deswegen macht sich auch niemand sorgen um mich oder macht sich nicht den Kopf mich zu entlasten bei gewissen Situationen.

Wir sterben, mit jedem Verlust

Ich habe all meine besten Freundinnen verloren, die ich jemals hatte.

Wenn es nicht gerade eine Intrige war, dann war es, weil man sich angeblich auseinandergelebt hat oder es war eine Nutzfreundschaft. Bei ihr war es gar nichts davon. Ich weiß wirklich nicht was passiert ist. Im November waren wir noch zusammen auf meiner Vor-Abi Party und dann hat sie mit ihrem Freund Schluss gemacht und seitdem ist alles anders zwischen uns. Aus den besten Freunden, die mal wie Schwestern waren wurden plötzlich Fremde.

So ist es ja immer, mit mir und meinen vertrauten Menschen. Ich vermisse sie, ich vermisse sie alle auf eine andere Art und Weise. Aber irgendwo werden sie mir immer etwas bedeuten.

Die erste hat mich gnadenlos ausgesaugt und mich verrecken lassen, immer wieder spielte sie dasselbe Spiel. Die zweite konnte sich mir einfach nicht öffnen, ich habe ihr einfach blind alles Erdenkliche anvertraut.

Für mich war sie meine Seelenverwandte, das sah sie anders.

Die letzte, an der ich bis vor einigen Tagen noch Hoffnung hatte, tut einfach so als hätte sie mir nichts weiter zu sagen. Ich hatte ihr geschrieben, sie gefragt ob alles okay mit ihr sei und dass ich es vermisse, wie wir früher miteinander waren, wie hemmungslos wir uns immer getroffen und über alles gesprochen haben.

Seitdem gar nichts.

An ihrem Geburtstag am 06.09. habe ich ihr gratuliert, mit keinem langen Text, weil das ja komisch gewesen wäre nachdem wir solange nichts voneinander gehört hatten und das wäre ihr sowieso am Arsch vorbei gegangen. Sie hat Stunden gebraucht, um sich bei mir zu bedanken.

Dabei hat sie damals immer bei mir übernachtet, sich extra einen Wecker gestellt um 9:57 oder so, nur um mir dann zum Geburtstag zu gratulieren. Wir haben soviel miteinander erlebt und zusammen durchgemacht. Ich weiß nicht, was ich ihr angetan habe, weshalb sie jetzt so zu mir ist. Das was sie für unsere Freundschaft bereit ist zu tun oder eben nicht dazu bereit ist, das saß. Es verletzt mich, wie die Leute zu mir sind. Aus heiterem Himmel.

Und wenn ich dann mal mit anderen Leuten zusammen bin und sie mir von ihren besten Freunden erzählen, dann werde ich sehr schnell traurig aber auch entsetzt zu gleich. Warum nur, konnte ich es niemandem gerecht werden, eine beste Freundin zu sein?

Ich stelle diese Frage so hin, als hätte ich mein Leben bereits gelebt, weil es sich so anfühlt als hätte ich meine Chancen vergeigt. Es fühlt sich an, als hätte ich keine

Hoffnung mehr auf einen neuen, richtigen besten Freund.

Jeden den ich künftig darauf ansprechen werde, wird schon jemanden haben. Ich glaube im Moment, seid ihr meine besten Freunde. Die, die das hier lesen und ein offenes Ohr für mich haben und vielleicht sich in mich hineinversetzen können. Mein Freund möchte zwar mein bester Freund sein und das ist er natürlich auch aber nicht so. Jetzt in diesem Moment ist es 1:30 Uhr und er liegt neben mir und schläft.

Es ist ihm egal, wenn ich warum auch immer nicht schlafen kann oder möchte und ich kann es ihm nicht verübeln, weil ich mich einfach nicht zum Schlafen zwingen kann. Diese Worte hier wollten geschrieben werden, aber das wusste ich auch erst als ich zu meinem MacBook gegriffen habe und angefangen habe zu schreiben. Glaubt mir, wie gerne hätte ich eine Seelenverwandte die mit einer Flasche Wein kommt und mit mir über alles reden möchte. Aber ich glaube, dass ich dann trotzdem früher oder später wieder schreiben würde.

Meine unbearbeiteten Gedanken schaffen es eben doch nicht immer aus meinem Mund. Ach ja, vielleicht interessiert euch, dass ich an einer Uni angenommen wurde. Studiengang Philosophie und Englisch, am 2.November geht es los. Naja, das sind jetzt schon über 500 Worte, in denen ich in Selbstmitleid bade, also gute Nacht.

Volle Isolation

Na ihr,
Heute ist der 25. August 2020, also der 2.Monat ohne
Schule. Es geht mir schrecklich.
Trotz meines Mini Jobs im Krankenhaus bin ich immer
noch so einsam und alleine.
Meine scheinbar besten Freunde haben sich von mir
abgewandt ohne einen Grund, obwohl ich immer alles
für sie getan hätte. Und ich habe immer noch keinen
Zukunftsplan.

Also einen Plan schon, nur klappt der einfach nicht.
Zumindest nicht dieses Jahr, schätze ich.
Von einem Unternehmen habe ich eine Absage
bekommen und einige sind zu weit und einige haben
einen Numerus Clausus den ich nicht erfülle.
Ich bin am Boden zerstört.

Ich habe nichts an dem ich mich festhalten kann oder
mich verwirklichen kann.
Ich treibe nur so herum wie ein verlorenes Boot.

Es treibt mich in den Wahnsinn, dass ich jetzt kostbare
Zeit verlieren muss, um meiner Zukunft einen Schritt
näher zu kommen.
Und noch schlimmer ist es, dass andere all die Dinge
tun, die ich nicht tun kann. Ich möchte schreien, aber
niemand würde mich hören. Und wenn Sie mich hören,
würden sie es ignorieren.

Niemand würde kommen, um mich zu retten, um mir zu helfen.

So zeigen sich die Gesichter, alle meine Freunde, für die ich alles getan hätte, für die ich immer da war, wenn ich etwas bemerkt habe, sie sind allesamt falsch zu mir gewesen. Sie brauchen mich nicht, und vielleicht haben sie mich niemals gebraucht? Warum scheint es, als wäre mein Leben allen egal, die mir etwas bedeuten?
Was mache ich falsch?
Warum hasse ich mich wegen selbst wegen Ihnen so sehr, dass ich mich am liebsten komplett verändern möchte? Oder im Boden versinken.

Es scheint, als wäre mein ganzes Leben verdammt, verflucht. Egal wieviel Mühe ich mir für vieles gegeben habe, es wurde verachtet und nicht geschätzt.
Ich weiß, ich habe es oft gesagt über all die Jahre, aber immer wirklich immer, wenn ich das Gefühl habe es gibt eine Chance, dann haut mir mein Leben so hart in die Fresse. Niemand schätzt mich, niemand mag mich wirklich. Es reicht für ein „Wie geht´s?" aber ich will mehr als Smalltalk.
Die einzigen von denen ich Aufmerksamkeit bekomme, sind irgendwelche Typen die versaut sind.
Ich brauche diesen Kinderkram nicht.

Heute hätte ich meinen ersten Arbeitstag bei C&A gehabt, weil ich meinen Job im Krankenhaus nicht so gerne mag und dort gehofft habe neue Leute kennenzulernen. Aber was ist passiert?

Ich konnte zum Bewerbungsgespräch gehen, aber heute hatte ich wieder so eine Panik.
Ich hatte Angst dahin zu gehen. Also habe ich es sausen lassen.

Ich möchte so sehr mein Leben verändern, aber ich bekomme es nicht hin.
Was ist, wenn ich nicht bereit dafür bin erwachsen zu sein und so zu handeln? Ich habe heute nichts Positives zu sagen. Ich enttäusche mich selbst.

Liebes Tagebuch,

Ich hätte schon viel früher wieder davon erzählen sollen, was mich so beschäftigt hat und noch beschäftigt.

Ich wollte es wohl einfach nicht wahrhaben und so habe ich es für mich behalten, wodurch es aber nicht weniger wahr wird. Also, um auf den Punkt zu kommen, ich habe auf der Arbeit eine Kollegin kennengelernt, die ich super sympathisch fand und ich dachte dann, dass ich einen Draht zu ihr hatte.

Zunächst war es nichts Besonderes, wir hatten bloß hin und wieder Small Talk, doch dann entschied ich Sie zu fragen, ob wir mal einen Kaffee trinken gehen würden und Sie hat „Ja." gesagt.

Also trafen wir uns in diesem Café, dass sich „Café Blau" nennt und bestellten Soja- und Haferlatte und Rosé und dazu einen Kaiserschmarren.

Wir brauchten etwas Zeit, um das Eis zu brechen, aber dann erzählte Sie mir davon, dass Sie mal Hühner als Haustiere hatten und, dass als Sie 13 Jahre alt war, Sie von der Schule kam und die armen Wesen kopflos in ihrem Garten lagen.

Warum auch immer, aber seit dem, hatte ich das Gefühl, als würde sich zwischen uns ein magisches Band aufbauen, weil ihr so etwas grausames passiert ist und ich dachte das würde uns miteinander verbinden.

Aber wie so oft hat mich mein Gefühl getäuscht.

Denn ich war tatsächlich so dumm und erzählte ihr von meinem Tagebuch und hoffte so sehr, sie würde es verstehen.

Ich hoffte so sehr, Sie würde mich verstehen.
Da Sie künftig in Münster leben wird, habe ich versucht
mich zeitnah mit ihr wieder zu treffen, aber Sie hatte
keine Zeit für mich.
Zuerst hat Sie es auf ihre Familie geschoben, dann hat
Sie es angeblich vergessen, vor lauter Wohnungssuche.
Oder aber Sie hatte Ausreden.

Ich frag mich „Bin ich wirklich so unerträglich? Bin ich
oder das, was ich sage wirklich so schwer zu verdauen?
Bin ich es nicht wert, mich näher kennenlernen zu
wollen?"
Die Menschen verletzen mich alle.
Immer wieder aufs Neue.
Als sei es mir nicht gegönnt eine beste Freundin zu
haben. Ich meine wer hat keine beste Freundin, keine
Seelenverwandte die wie eine Schwester für sie ist, für
die man sogar sterben würde?

Ich bin davon so sehr verletzt.
Wahrscheinlich ist das nur so, weil mir eine
durchschnittliche Freundschaft nicht ausreicht, weil mir
diese billigen Kontakte einfach nichts wert sind?

Weil ich eine Freundschaft ohne Grenzen haben will,
mit Höhen und Tiefen.
Keine Norm an die man sich halten muss.
Ich will keine Geheimnisse oder Gefühle verstecken, ich
will etwas Richtiges.

Mir fehlen die Worte.

Titellos

Kennst du das?

Kennst du das, wenn dir eigentlich bewusst ist, dass
dein Leben schön ist und du im Grunde alles hast was
du immer wolltest und sogar als Frau hübscher bist als
der bemitleidenswerte Durchschnitt?

Und dann liegst du mitten in der Nacht im Bett, neben
deinem nahezu perfekten Freund und die elende Frage
kreist immer zu in deinem Kopf,

„Was mache ich falsch?".

Ja, dann wird dir erst bewusst, dass du nicht viel besser
bist, als der bemitleidenswerte Durchschnitt, weil du
immer noch Nächte lang an dir selbst zweifelst, unter
anderem, weil du dir die Schuld gibst, dass sich jede
einzelne Freundschaft von dir abgewandt hat, indem sie
ihr wahres dreckiges Gesicht gezeigt hat.

Hinter all der Enttäuschung, hinter all dem Hass ist da
immer noch die Hoffnung es könnte an dir liegen und,
dass du vielleicht irgendwann daraus lernen wirst und
eine Freundschaft geschenkt bekommst, die endlich
lange währt und für beide Seiten gut ist.

Aber leider weiß ich sehr gut, dass es nicht an mir liegt
und, dass es keinen Fehler gibt, den ich wieder gut
machen könnte, außer dem Fehler, den ich immer
wieder mache, meinen eigenen Wert herunter zu stufen.
Ich bin die perfekte Seelenverwandte und beste
Freundin, die ich mir selbst für mich wünschen würde
und damit bin ich verflucht, weil ich in keinem
Menschen das finden werde, was ich bin.